ହଂସଦୂତ

ହଂସଦୂତ

ସଂସ୍କୃତ

ରୂପ ଗୋସ୍ୱାମୀ

ଅନୁବାଦ

ମନୋରଂଜନ ପଟ୍ଟନାୟକ

ବ୍ଲାକ୍ ଇଗଲ୍ ବୁକ୍ସ
ଭୁବନେଶ୍ୱର, ଓଡ଼ିଶା

BLACK EAGLE BOOKS
Dublin, USA

ହଂସଦୂତ / ସଂସ୍କୃତ: ରୂପ ଗୋସ୍ୱାମୀ
ଅନୁବାଦ: ମନୋରଂଜନ ପଟ୍ଟନାୟକ
ବ୍ଲାକ୍ ଇଗଲ୍ ବୁକ୍ସ : ଭୁବନେଶ୍ୱର, ଓଡ଼ିଶା • ଡବଲିନ୍, ଯୁକ୍ତରାଷ୍ଟ୍ର ଆମେରିକା

BLACK EAGLE BOOKS
USA address:
7464 Wisdom Lane
Dublin, OH 43016

India address:
E/312, Trident Galaxy, Kalinga Nagar,
Bhubaneswar-751003, Odisha, India

E-mail: info@blackeaglebooks.org
Website: www.blackeaglebooks.org

First International Edition Published by
BLACK EAGLE BOOKS, 2024

HAMSHADUTA
by **ROOP GOSWAMI**
Odia Translated by **Manoranjan Pattanayak**

Odia Translation Copyright © **Manoranjan Pattanayak**

All rights reserved. No part of this publication may be reproduced, stored in a retrieval system, or transmitted, in any form or by any means, electronic, mechanical, photocopying, recording or otherwise without the prior permission of the publisher.

Cover & Interior Design: Ezy's Publication

ISBN- 978-1-64560-529-4

Printed in the United States of America

ଉତ୍ସର୍ଗ

ଜେଜେମାଙ୍କ ସ୍ମୃତିରେ ଉତ୍ସର୍ଗୀକୃତ

-ବାବୁନି

ଭୂମିକା

'ହଂସଦୂତ' ସଂସ୍କୃତ ସାହିତ୍ୟର ଗୋଟିଏ ପ୍ରତିଷ୍ଠିତ ଦୂତକାବ୍ୟ । ମହାକବି କାଳିଦାସଙ୍କର 'ମେଘଦୂତ'ର ଅନୁସରଣରେ ଦୂତକାବ୍ୟ ସୃଷ୍ଟି ହେବାର ପରମ୍ପରା ଆରମ୍ଭ ହୋଇଥିଲା । ନିମ୍ନରେ କିଛି ଦୂତକାବ୍ୟର ତାଲିକା ପ୍ରଦତ୍ତ ହେଲା-

୧. ନେମିଦୂତ
୨. ହଂସ ସଂଦେଶ
୩. ଶୁକଦୂତ
୪. କୋକିଳ ସଂଦେଶ
୫. ପବନ ଦୂତ
୬. ଇନ୍ଦୁ ଦୂତ
୭. ମନୋଦୂତ
୮. ପଦାଙ୍କ ଦୂତ
୯. ଉଦ୍ଧବ ଦୂତ
୧୦. ଉଦ୍ଧବ ସଂଦେଶ
୧୧. ହଂସଦୂତ
୧୨. ଚନ୍ଦ୍ରଦୂତ
୧୩. ଭ୍ରମର ଦୂତ
୧୪. ରଥାଙ୍ଗ ଦୂତ
୧୫. ତୁଳସୀ ଦୂତ
୧୬. ପିକ ଦୂତ
୧୭. କିରା ଦୂତ

ଏତଦ୍ ବ୍ୟତୀତ ରହିଛି ଅସଂଖ୍ୟ ଦୂତ କାବ୍ୟ। ତେବେ କାଳର ପ୍ରଭାବକୁ ଜିଣି କରି, ଶତ ଶତ ବର୍ଷ ପରେ ବି କାଳିଦାସଙ୍କର 'ମେଘଦୂତ' ବଳୀୟାନ ହୋଇ ରହିଛି।

'ମନୋଦୂତ', ଚୈତନ୍ୟ ମହାପ୍ରଭୁଙ୍କର ଜଣେ ଦାଦା- ବିଷ୍ଣୁଦାସଙ୍କ ଦ୍ୱାରା ରଚିତ। ଏଥିରେ ସିଏ 'ମନ'କୁ ଦୂତ ଭାବରେ କୃଷ୍ଣଙ୍କ ପାଖକୁ ପଠାଇଛନ୍ତି। କାଳିକୁମାର ଦତ୍ତଙ୍କ ଅନୁସାରେ, ଅନ୍ୟ ଗୋଟିଏ 'ହଂସଦୂତ' କୌଣସି ରଘୁନାଥ ଦାସ (ଷଡ଼ ଗୋସ୍ୱାମୀଙ୍କ ଭିତରେ ଥିବା ସେହି ନାଆଁର ନୁହେଁ) ସଂସ୍କୃତରେ ରଚନା କରିଥିଲେ ଯାହା ହଜି ଯାଇଛି। ୪୫ଟି ଶ୍ଳୋକର ଗୋଟିଏ କ୍ଷୁଦ୍ର ଦୂତକାବ୍ୟ- 'ପଦାଙ୍କଦୂତ' ଶପ୍ତଦଶ ଶତାବ୍ଦୀରେ କୃଷ୍ଣନାଗରଙ୍କ ଦ୍ୱାରା ରଚିତ ହୋଇଥିଲା, ଯେଉଁଥିରେ ସିଏ କୃଷ୍ଣଙ୍କ ପାଖକୁ ପଠାଇଛନ୍ତି 'ପଦଚିହ୍ନ'କୁ ଦୂତ କରି, ରାଧାମୋହନ ଗୋସ୍ୱାମୀ 'ଶୁକଦୂତ' ନାମରେ ମହାକାବ୍ୟ ଶୈଳୀରେ ୧୦ଟି ସର୍ଗଥିବା ଗୋଟିଏ ଦୂତକାବ୍ୟ ରଚନା କରିଥିଲେ। ଏଥିରେ ଗୋଟିଏ କଥା କହୁଥିବା ଶୁଆକୁ କୃଷ୍ଣ ଦୂତ ଭାବରେ ଦ୍ୱାରକାରୁ ରାଧାଙ୍କ ପାଖକୁ ପଠାଇଛନ୍ତି, ଯିଏ ଅଛନ୍ତି ବୃନ୍ଦାବନରେ। ତୁଳସୀଦୂତ, ପିକଦୂତ, କିରାତ ଦୂତ (ଅନ୍ୟ ଏକ ପ୍ରକାରର ଶୁଆ) କାବ୍ୟଗୁଡ଼ିକ ବଙ୍ଗଳା ଭାଷାରେ ଦେଖିବାକୁ ମିଳିଥାଏ। ଷୋଡ଼ଶ ଶତାବ୍ଦୀରେ ରୁଦ୍ର ନ୍ୟାୟବାଚସ୍ପତିଙ୍କ ଦ୍ୱାରା 'ଭ୍ରମର ଦୂତ' ରଚିତ, ଯେଉଁଥିରେ ରାମ ଗୋଟିଏ ଭ୍ରମରକୁ ଅଶୋକବନରେ ଥିବା ସୀତାଙ୍କ ନିକଟକୁ ପଠାଇଛନ୍ତି।

ଭାରବୀ, ଭବଭୂତି, କାଳିଦାସ, ମାଘ ଓ ହର୍ଷଙ୍କ ପରେ ପ୍ରାୟ ସାତଶହ ବର୍ଷକାଳ ସଂସ୍କୃତ ସାହିତ୍ୟରେ କବିତ୍ୱ ନିଷ୍କ୍ରିୟ ଥିଲା। କିନ୍ତୁ ଏହି ନିଷ୍କ୍ରିୟତାକୁ ଦୂରକରି ଆବିର୍ଭାବ ହୋଇଥିଲେ ବୈଷ୍ଣବ କବିଗଣ, ଯେଉଁମାନେ ସଂସ୍କୃତରେ କାବ୍ୟ ରଚନା କରିଥିଲେ। ସେମାନଙ୍କ ମଧ୍ୟରେ ଅଗ୍ରଗଣ୍ୟ ଥିଲେ ରୂପ ଗୋସ୍ୱାମୀ। ବୈଷ୍ଣବ ସାହିତ୍ୟର ବିଶିଷ୍ଟ ସଂପଦ ପ୍ରେମକାବ୍ୟ। ନାୟକ-ନାୟିକାଙ୍କର ଅନ୍ତରର ନିଗୂଢ଼ ସତ୍ୟ ଯେମିତି ବୈଷ୍ଣବ କାବ୍ୟରେ ମୂର୍ତ୍ତ ହୋଇ ଉଠିଛି। ରୂପ, ରାଗ, ରସ, ଅଭିସାର, ମିଳନ, ମାନ, ବିରହ ଇତ୍ୟାଦି ବିଭିନ୍ନ ରସଧାରା ଯେମିତି ନିଖୁଣ ଭାବରେ ବୈଷ୍ଣବ କାବ୍ୟରେ ଆତ୍ମପ୍ରକାଶ କରିଛି, ବିଶ୍ୱ ସାହିତ୍ୟରେ ପ୍ରେମକାବ୍ୟର ସେମିତି ରସବ୍ୟାପ୍ତ ସ୍ଫୂର୍ତ୍ତି ଆଉ କେଉଁଠି ଦେଖାଯାଉନି।

ବୈଷ୍ଣବ ଯୁଗର ସମସ୍ତ କାବ୍ୟ ଗଢ଼ିଉଠିଛି ରାଧାକୃଷ୍ଣଙ୍କ ପ୍ରେମର ଅଫୁରନ୍ତ ଲୀଳା ରହସ୍ୟକୁ ଅବଲମ୍ବନ କରି; ତାହା ବୋଲି ବୈଷ୍ଣବ ପ୍ରେମକାବ୍ୟ ଖାଲି ବୈକୁଣ୍ଠର ସଂପଦ ନୁହେଁ। ପାର୍ଥିବ ଜୀବନର ଦୈନନ୍ଦିନ ଗତିପଥରେ ନରନାରୀଙ୍କର ହୃଦୟରେ

ଯେଉଁ ଚିରନ୍ତନ ପ୍ରେମର ଘାତପ୍ରତିଘାତ ଚାଲିଛି, ତା'ର ଅନ୍ତରରେ ନିଗୂଢ଼ ସତ୍ୟ ରୂପାୟିତ ହୋଇଛି ଦେବତାଙ୍କ ଉଦ୍ଦେଶ୍ୟରେ ଗୁନ୍ଥା ସେହି ପ୍ରେମର ପୁଷ୍ପ-ମାଳାରେ। ଦେବତାଙ୍କ ଉଦ୍ଦେଶ୍ୟରେ ରଚିତ ପ୍ରେମ-କାବ୍ୟର ସେହି ଖଣିରେ ଲୁଚି ରହିଛି ମଣିଷ ପ୍ରାଣର କଥା।

ରୂପ ଗୋସ୍ୱାମୀଙ୍କର 'ହଂସଦୂତ' ସେହି ପ୍ରେମକାବ୍ୟର ଗୋଟିଏ ଶ୍ରେଷ୍ଠ ନିଦର୍ଶନ। ଉଲ୍ଲିଖିତ ଦୂତକାବ୍ୟଗୁଡ଼ିକ ମଧ୍ୟରେ 'ହଂସଦୂତ' ବେଶ୍ ସୁନାମ ଅର୍ଜନ କରିଛି। 'ହଂସଦୂତ'ର ରଚନାକାର ରୂପଗୋସ୍ୱାମୀ ଚୈତନ୍ୟ ମହାପ୍ରଭୁଙ୍କର ପରମ ଅନୁଯାୟୀ ସନାତନ ଗୋସ୍ୱାମୀଙ୍କର ଅନୁଜ। ଗୌଡ଼ୀୟ ବୈଷ୍ଣବ ସଂପ୍ରଦାୟର ଷଡ଼ ଗୋସ୍ୱାମୀମାନଙ୍କ ମଧ୍ୟରେ ଅଗ୍ରଗଣ୍ୟ ରୂପ ଗୋସ୍ୱାମୀ।

ରୂପ ଗୋସ୍ୱାମୀ (୧୪୮୯-୧୫୬୪)ଙ୍କର 'ହଂସଦୂତ' ଷୋଡ଼ଶ ଶତାବ୍ଦୀର ପ୍ରାରମ୍ଭରେ ରଚନା କରାଯାଇଥିଲା। 'ହଂସଦୂତ'ରେ ପ୍ରେମଲୀଳା ସଂବଳିତ (romantic) ଏବଂ ଧାର୍ମିକ ପ୍ରେମର ସମିଶ୍ରଣ ସୃଷ୍ଟି ହୋଇଛି ଗୋଟିଏ କବିତା ସୃଷ୍ଟି କରିବା ପାଇଁ ଯାହା କୃଷ୍ଣଙ୍କ ପ୍ରେମରେ ଜାଜ୍ୱଲ୍ୟମାନ। ଗୌଡ଼ୀୟ ବୈଷ୍ଣବ ସଂପ୍ରଦାୟର ଶ୍ରେଷ୍ଠ ବିଦ୍ୱାନ, ପରମ ଭକ୍ତ, ତ୍ୟାଗୀ, ଉଦାର-ହୃଦୟ-ମୁକୁଟମଣି ରୂପ ଗୋସ୍ୱାମୀଙ୍କର ପୂର୍ବପୁରୁଷ କର୍ଣ୍ଣାଟକରୁ ଆସି ପଶ୍ଚିମ ବଙ୍ଗରେ ବସବାସ କରିଥିଲେ। ରୂପ ଗୋସ୍ୱାମୀଙ୍କ ଜନ୍ମ ୧୪୮୯ ମସିହାରେ ନୈହାଟୀ ଗ୍ରାମରେ ହୁଏ। କିନ୍ତୁ ତାଙ୍କ ଜନ୍ମସ୍ଥାନକୁ ନେଇ ଅନ୍ୟ କେତେକ ଜୀବନୀକାରଙ୍କ ମତ ଯେ, ତାଙ୍କର ଜନ୍ମସ୍ଥାନ ଥିଲା ବକ୍‌ଲା ଚନ୍ଦ୍ରଦ୍ୱୀପ କିମ୍ବା ଫତେୟାବାଦ ପ୍ରଗଣା, ଜେଶୋର, ପୂର୍ବବଙ୍ଗରେ (ଯାହା ବର୍ତ୍ତମାନ ବାଙ୍ଗ୍‌ଲାଦେଶରେ ଅବସ୍ଥିତ)। ରୂପ ଗୋସ୍ୱାମୀଙ୍କ ପିତାଙ୍କ ନାମ ଥିଲା କୁମାର ଦେବ ଆଉ ମାତାଙ୍କ ନାମ ଥିଲା ରେବତୀ ଦେବୀ। କୁମାର ଦେବ କର୍ଣ୍ଣାଟକର ଜଗତ୍‌ଗୁରୁ ବଂଶର ଥିଲେ। ୧୪୧୪ ମସିହାରେ ରାଜା ଜଗତ୍‌ଗୁରୁ ସର୍ବଜ୍ଞଙ୍କର ମୃତ୍ୟୁ ପରେ ତାଙ୍କର ଏକମାତ୍ର ପୁତ୍ର ଅନିରୁଦ୍ଧ ସିଂହାସନ ଆରୋହଣ କରନ୍ତି। ମାତ୍ର ଦୁଇବର୍ଷ ରାଜତ୍ୱ କରି ୧୪୧୬ ମସିହାରେ ଅନିରୁଦ୍ଧଙ୍କର ମୃତ୍ୟୁ ହୁଏ। ସେତେବେଳେ ତାଙ୍କର ଜ୍ୟେଷ୍ଠପୁତ୍ର ରୂପେଶ୍ୱର ସିଂହାସନରେ ବସିବାର ଆୟୋଜନ କରନ୍ତି। କିନ୍ତୁ ଅଭିଷେକର ପୂର୍ବରୁ ସିଏ ଜାଣିବାକୁ ପାଇଲେ ଯେ ତାଙ୍କ କନିଷ୍ଠଭ୍ରାତା ହରିହର ସିଂହାସନ ଲାଭ ପାଇଁ ନାନା ଧରଣର ହୀନ ଷଡ଼ଯନ୍ତ୍ରରେ ଲିପ୍ତ ହୋଇଛନ୍ତି। ଏହି ସଂବାଦରେ ରୂପେଶ୍ୱର ଅତ୍ୟନ୍ତ ବ୍ୟଥିତ ହେଲେ। ତୁଚ୍ଛ ସିଂହାସନ ପାଇଁ ଭ୍ରାତୃ ବିରୋଧ କରିବାର ପ୍ରବୃତ୍ତି ତାଙ୍କର ନଥିଲା। ସ୍ୱଇଚ୍ଛାରେ ହରିହରଙ୍କ ହାତରେ ରାଜ୍ୟଭାର ଦେଇ ରୂପେଶ୍ୱର କର୍ଣ୍ଣାଟକ ତ୍ୟାଗ କରନ୍ତି, ବଙ୍ଗ ପ୍ରଦେଶକୁ ଆସି ପିତୃବନ୍ଧୁ ବଙ୍ଗର ନବାବଙ୍କର ମନ୍ତ୍ରୀପଦ ଗ୍ରହଣ

କରନ୍ତି। ୧୪୪୩ ମସିହାରେ ରୂପେଶ୍ୱରଙ୍କର ମୃତ୍ୟୁ ପରେ ତାଙ୍କ ପୁତ୍ର ପଦ୍ମନାଭ ପିତାଙ୍କ ପଦରେ ଅଧିଷ୍ଠିତ ହୁଅନ୍ତି। ପଦ୍ମନାଭଙ୍କର ୫୯ ବର୍ଷ ବୟସରେ ଗୌଡ଼ର ମନ୍ତ୍ରୀ ପଦରୁ ଅବସର ନେଇ ଗଙ୍ଗାତୀରବର୍ତ୍ତୀ ନୈହାଟୀ ଗ୍ରାମରେ ବସବାସ କଲେ। ପଦ୍ମନାଭଙ୍କର କନିଷ୍ଠ ପୁତ୍ର ମୁକୁନ୍ଦ ଥିଲେ କୁମାରଦେବଙ୍କ ପିତା । ଆଉ ପୁତ୍ର ସନାତନ, ରୂପ ଓ ଅନୁପମ ଥିଲେ କୁମାର ଦେବଙ୍କ ପୁତ୍ର। ନିଜ ନିଜ ପ୍ରତିଭା ବଳରେ ଅନୁପମ ଥିଲେ କୁମାର ଦେବଙ୍କ ପୁତ୍ର। ନିଜ ନିଜ ପ୍ରତିଭା ବଳରେ ତିନିଜଣଯାକ ଚୈତନ୍ୟ ଯୁଗରେ ସମ୍ମାନର ବିଶିଷ୍ଟ ଆସନ ପାଇଥିଲେ।

ସନାତନ ଓ ରୂପ ଅଳ୍ପ ବୟସରେ ସଂସ୍କୃତ ଭାଷାରେ ଅସାଧାରଣ ବ୍ୟୁତ୍ପତ୍ତି ଲାଭ କରନ୍ତି। ସଂସ୍କୃତ ଶିକ୍ଷା ଶେଷ ହେବା ପରେ ଉଭୟେ ସପ୍ତଗ୍ରାମର ବିଖ୍ୟାତ ଫାର୍ସୀ ପଣ୍ଡିତ ଫକ୍‌ରୁଦ୍ଦୀନ ଗାଜୀଙ୍କ ନିକଟରେ ଫାର୍ସୀ ଭାଷା ଶିକ୍ଷା କରନ୍ତି, ସନାତନ ଯେମିତି ନିର୍ଭୀକ ଓ ତେଜସ୍ୱୀ ଥିଲେ, ସେମିତି ଅସାମାନ୍ୟ ଥିଲା ତାଙ୍କର ପ୍ରତିଭା। ବଙ୍ଗର ନବାବ ସନାତନଙ୍କର ଗୁଣର ପରିଚୟରେ ମୁଗ୍ଧ ହୋଇ ତାଙ୍କୁ ପ୍ରଧାନମନ୍ତ୍ରୀ ପଦରେ ନିଯୁକ୍ତ କରନ୍ତି। ତା'ପରେ ରୂପ ଓ ଅନୁପମ ଅଗ୍ରଜଙ୍କର ଅନୁସରଣ କରି ନବାବଙ୍କ ଅଧୀନରେ ଉଚ୍ଚପଦ ଗ୍ରହଣ କରନ୍ତି। କିନ୍ତୁ କିଛିକାଳ ପରେ ଚୈତନ୍ୟ ମହାପ୍ରଭୁଙ୍କର ସଂସ୍ପର୍ଶରେ ଆସି ରୂପ ଓ ସନାତନଙ୍କର ମନରେ ବୈରାଗ୍ୟର ଉଦୟ ହୁଏ ଏବଂ ଉଚ୍ଚ ରାଜପଦ ଓ ଅତୁଳ ଐଶ୍ୱର୍ଯ୍ୟ ତ୍ୟାଗକରି ସେମାନେ ସନ୍ୟାସ ଅବଲମ୍ବନ କରନ୍ତି। ସନାତନ ଓ ରୂପଙ୍କର ପିତୃଦତ୍ତ ନାମ ଥିଲା ଅମର ଓ ସନ୍ତୋଷ। ବଙ୍ଗନବାବ ହୁସେନ୍ ଶାହ ସନାତନଙ୍କୁ ସାକର-ମଲ୍ଲିକ ଓ ରୂପଙ୍କୁ ଦବାରଖାସ୍ ଉପାଧି ପ୍ରଦାନ କରିଥିଲେ। କିନ୍ତୁ ଚୈତନ୍ୟ ମହାପ୍ରଭୁ ୧୫୧୬ ମସିହାରେ ଦୁଇଭାଇଙ୍କୁ ଦୀକ୍ଷା ଦେଇ ସେ ଦୁହିଁଙ୍କର ନାମକରଣ କରନ୍ତି ସନାତନ ଆଉ ରୂପ। ସନାତନ ଥିଲେ ଅସାଧାରଣ ପଣ୍ଡିତ, ଆଉ ରୂପ ଥିଲେ ଚୈତନ୍ୟ ଯୁଗର ଅଦ୍ୱିତୀୟ କବି। କନିଷ୍ଠ ଭାଇଙ୍କ ପୁତ୍ର ଜୀବ ଗୋସ୍ୱାମୀ ରୂପଙ୍କ ନିକଟରେ ଶାସ୍ତ୍ର ଓ ଧର୍ମଶିକ୍ଷା କରନ୍ତି। ପରବର୍ତ୍ତୀ ଯୁଗରେ ଜୀବ ଗୋସ୍ୱାମୀ ଭାବରେ ଅପ୍ରତିଦ୍ୱନ୍ଦୀ ପଣ୍ଡିତ ବୋଲି ଖ୍ୟାତ ହୋଇଛନ୍ତି।

ରୂପ ଗୋସ୍ୱାମୀ ତାଙ୍କ ପଦରୁ ଇସ୍ତଫା ଦେଇଥିବାରୁ ବଙ୍ଗର ନବାବ କ୍ଷୁବ୍ଧ ହୋଇଥିଲେ। ତେଣୁ ସିଏ ରୂପ ଗୋସ୍ୱାମୀଙ୍କ ଭାଗର କାମକୁ ମଧ୍ୟ କରିବା ପାଇଁ ସନାତନ ଗୋସ୍ୱାମୀଙ୍କୁ ନିର୍ଦ୍ଦେଶ ଦେଇଥିଲେ। କିନ୍ତୁ ସିଏ ମଧ୍ୟ ଇସ୍ତଫା ଦେବା କଥା କହିବାରୁ ତାଙ୍କୁ କାରାବଦ୍ଧ କରିଥିଲେ। ଅବଶ୍ୟ ପରେ ତାଙ୍କୁ ଛାଡ଼ି ଦେଇଥିଲେ।

ତିନିଜଣ ଯାକ ଭାଇ ରାମକେଳି (ବର୍ତ୍ତମାନର ମାଲ୍‌ଦା ଯାହା ପଶ୍ଚିମବଙ୍ଗରେ

ଅବସ୍ଥିତ)କୁ ଆସିଗଲେ। ଯେତେବେଳେ ୧୫୧୪ ମସିହାରେ ଚୈତନ୍ୟ ମହାପ୍ରଭୁ ରାମକେଳିକୁ ଆସିଥିଲେ, ସେଠାରେ ତିନିଭାଇଙ୍କ ସହିତ ତାଙ୍କର ସାକ୍ଷାତ ହୋଇଥିଲା। କିନ୍ତୁ ଅନ୍ୟ କେତେକ ଗବେଷକଙ୍କ ମତରେ ପ୍ରୟାଗର ଦ୍ୱାଦଶମେଧ ଘାଟରେ ଚୈତନ୍ୟ ମହାପ୍ରଭୁଙ୍କ ସହିତ ସେମାନଙ୍କର ଭେଟ ହୋଇଥିଲା।

ହିନ୍ଦୁ ଧର୍ମରେ, ମଥୁରା କୃଷ୍ଣଙ୍କର ଜନ୍ମସ୍ଥାନ, ଯାହା କୃଷ୍ଣଜନ୍ମସ୍ଥାନ ମନ୍ଦିର ପରିସର ପାଖରେ ଅବସ୍ଥିତ। ଏହା ସପ୍ତପୁରୀ ମଧ୍ୟରୁ ଗୋଟିଏ, ଯେଉଁ ସାତଗୋଟି ସହର ହିନ୍ଦୁମାନଙ୍କଦ୍ୱାରା ପୁଣ୍ୟସ୍ଥାନ ବୋଲି ମନେ କରାଯାଏ ଏବଂ ଏଗୁଡ଼ିକୁ ମୋକ୍ଷଦାୟିନୀ ତୀର୍ଥ ବୋଲି ମଧ କହନ୍ତି।

କୃଷ୍ଣ ବୃନ୍ଦାବନ ତ୍ୟାଗ କରି ଅକ୍ରୂର ସହିତ ମଥୁରା ଯାତ୍ରା କରିବାରୁ ରାଧାଙ୍କର କୃଷ୍ଣ ବିରହ ଜନିତ ଦୁଃଖର ଲାଘବ ପାଇଁ ରାଧାଙ୍କର ପ୍ରିୟ ସଖୀ ଲଳିତା, ଯମୁନା କୂଳରେ ଗୋଟିଏ ହଂସକୁ ଦେଖି, କୃଷ୍ଣଙ୍କ ପାଖକୁ ତାକୁ ଦୂତ ଭାବରେ ପଠାଇବା ପାଇଁ ସ୍ଥିର କରିଛନ୍ତି। ରୂପ ଗୋସ୍ୱାମୀଙ୍କ ରଚିତ ଏହି 'ହଂସ ଦୂତ' ରେ ଶ୍ଲୋକଗୁଡ଼ିକ ଭାବଦ୍ୟୋତକ, ଆବେଗପୂର୍ଣ୍ଣ, ମର୍ମସ୍ପର୍ଶୀ ଓ ଭକ୍ତିରସରେ ରସାଣିତ।

ପ୍ରତିଭା ବିଚାରରେ ରୂପ ଗୋସ୍ୱାମୀ ଥିଲେ ଗୋସ୍ୱାମୀ କବିମାନଙ୍କ (ସନାତନ ଗୋସ୍ୱାମୀ, ରୂପ ଗୋସ୍ୱାମୀ, ରଘୁନାଥ ଦାସ, ଗୋପାଳ ଭଟ୍ଟ ଓ ଜୀବ ଗୋସ୍ୱାମୀ) ମଧ୍ୟରେ ସର୍ବଶ୍ରେଷ୍ଠ। ସିଏ ଥିଲେ ଜଣେ ବିରାଟ ବିଦ୍ୱାନ। ରସଶାସ୍ତ୍ର, ଭକ୍ତିଶାସ୍ତ୍ର ଏବଂ ଅଳଙ୍କାର ଶାସ୍ତ୍ରରେ ତାଙ୍କର ଥିଲା ଅସାଧାରଣ ପାଣ୍ଡିତ୍ୟ। ଭକ୍ତିକୁ ରସଶାସ୍ତ୍ରରେ ଅନ୍ତର୍ଭୁକ୍ତ କରିବା ତାଙ୍କର ଅନ୍ୟତମ ପ୍ରଧାନ କୃତିତ୍ୱ। ସିଏ ଏକାଧାରରେ ଥିଲେ କବି, ନାଟ୍ୟକାର ଓ ରସବେତ୍ତା। ତାଙ୍କର ଉଲ୍ଲେଖଯୋଗ୍ୟ ଗ୍ରନ୍ଥଗୁଡ଼ିକର ନାମ ହେଲା- ବିଦଗ୍ଧ ମାଧବ, ଲଳିତମାଧବ, ଦାନକେଳିକୌମୁଦୀ, ଉଦ୍ଧବ ସଂଦେଶ, ହଂସଦୂତ, ସ୍ତବମାଳା, ପଦ୍ୟାବଳୀ, ଭକ୍ତି ରସାମୃତ ସିନ୍ଧୁ, ଉଜ୍ଜ୍ୱଳ ନୀଳମଣି, ନାଟକ ଚନ୍ଦ୍ରିକା, ଶ୍ରୀକୃଷ୍ଣ ଜନ୍ମତିଥି ବିଧି ଓ ମଥୁରା ମହାତ୍ମ୍ୟ। ଏହାଛଡ଼ା ତାଙ୍କର ଆଉ କିଛି ଗ୍ରନ୍ଥ ରହିଛି।

କୃଷ୍ଣଙ୍କର ମଥୁରା ଚାଲିଯିବା ପରେ ରାଧା ବିରହାଗ୍ନି ଶାନ୍ତ କରିବା ଉଦ୍ଦେଶ୍ୟରେ ଯମୁନା ତଟକୁ ଗଲେ। ତଟବର୍ତ୍ତୀ କୁଞ୍ଜଗୁଡ଼ିକୁ ଦେଖିକରି ତାଙ୍କ ମନରେ କୃଷ୍ଣ-ସ୍ମୃତି ଜାଗି ଉଠିଥିଲା। ବିରହ ବେଦନା ଆହୁରି ତୀବ୍ର ହେଲା। ଶୋକାକୁଳା ହୋଇ ମୂର୍ଚ୍ଛିତା ହେଲେ। ସଖୀଗଣ ତାଙ୍କୁ ପଦ୍ମପତ୍ରରେ ରଚିତ ଶଯ୍ୟା ଉପରେ ଶୟନ କରାଇ ଦେଲେ ଏବଂ ନାନା ଉପାୟରେ ପ୍ରାଣରକ୍ଷା ପାଇଁ ଚେଷ୍ଟା କରିବାକୁ ଲାଗିଲେ। ଲଳିତା ସେହି ସମୟରେ ଯମୁନା ଘାଟରେ ଗୋଟିଏ ହଂସ ଦେଖିଲେ। ତାକୁ

ଦୂତଭାବରେ କୃଷ୍ଣଙ୍କ ପାଖକୁ ପଠାଇ ରାଧାଙ୍କର ସବୁ ହାଲ୍ ତାଙ୍କ ପାଖରେ ପହଞ୍ଚାଇବାର ସଂକଳ୍ପ କଲେ। ରାଧାଙ୍କ ଅବସ୍ଥା ବିଷୟରେ ଯାହା ଯାହା କହିବାକୁ ଥିଲା ତା'ର ବିସ୍ତାର ଭାବରେ ହୃଦୟ-ସ୍ପର୍ଶୀ ବର୍ଣ୍ଣନା କରାଯାଇଛି। ଆଉ ମଥୁରା ଯିବା ମାର୍ଗରେ ଯେଉଁ ଲୀଳାସ୍ଥଳୀଗୁଡ଼ିକ ପଡ଼େ ଏବଂ ମଥୁରାରେ ପହଞ୍ଚିଲା ପରେ ସେହି ସ୍ଥାନର ଐଶ୍ୱର୍ଯ୍ୟ ଓ ସୌନ୍ଦର୍ଯ୍ୟର ଯେଉଁ ଦୃଶ୍ୟ ଦେଖିବାକୁ ମିଳେ, ତାହାର ସୁନ୍ଦର ବର୍ଣ୍ଣନା ମଧ୍ୟ ଦିଆଯାଇଛି। ଶେଷରେ ରାଧାଙ୍କର ବିରହଦଶାର ବର୍ଣ୍ଣନା କରି କୃଷ୍ଣଙ୍କୁ ବୃନ୍ଦାବନକୁ ଫେରି ଆସିବାକୁ କହିଛନ୍ତି।

'ହଂସଦୂତ' କାବ୍ୟରେ ହଂସର ଯାତ୍ରା ଶୀଘ୍ର ସମାପ୍ତ କରାଯାଇଛି ଯେହେତୁ ତା'ର ଯାତ୍ରାପଥ ଥିଲା ସ୍ୱଳ୍ପ, ବୃନ୍ଦାବନରୁ ମଥୁରା ପର୍ଯ୍ୟନ୍ତ। 'ହଂସଦୂତ'ରେ ରୂପ ଗୋସ୍ୱାମୀ ବ୍ୟବହାର କରିଛନ୍ତି - "A number of puris which are ingeniously employed in order to weave mythology krishna into the work."

ସୁଶିଲ୍ କୁମାର ଦେଙ୍କ ଅନୁସାରେ, ୧୫୧୫ ମସିହାରେ ରାମକେଳିଠାରେ ମହାପ୍ରଭୁ ଶ୍ରୀଚୈତନ୍ୟଙ୍କ ସହିତ ରୂପ ଗୋସ୍ୱାମୀଙ୍କର ସାକ୍ଷାତ ହୋଇଥିଲା। 'ହଂସଦୂତ'ର ରଚନା ଏହା ପୂର୍ବରୁ କରାଯାଇଥିଲା। ତେଣୁ ମାତ୍ର ୧୮-୧୯ ବର୍ଷ ବୟସରେ ରୂପ ଗୋସ୍ୱାମୀ 'ହଂସଦୂତ'ର ରଚନା କରିଥିଲେ।

ଏହି କାବ୍ୟକୁ ନେଇ ଜଣେ ସମାଲୋଚକଙ୍କ ମତ ହେଉଛି- "Rupa's expolitation of duta-kavya genre goes beyond that found even in Kalidasa. It may be argued that the cumulative effect of Rupa's poem is stronger in part because the epic and puranic themes that serve as the backdrop than those of Meghaduta and thus are more powerful. The puranic undertones resonate constantly even while the universal archetypal themes of love in separation and union are expolited. As on result of this prevading krishna consiousness, both of Rupa's poems demonstrate a certain thematic unity that even Kalidasa can not match. In Hamsaduta, Lalita's description of Radha's divyonmooda, 'a madness of separation', builds to an empotional climax the like of which in not found in Meghaduta." Rupa thus brings to life a state of separation that has been glorified by poet such as Dharmakirti."

ଏହି କାବ୍ୟର ଗୋପାଳ ଚକ୍ରବର୍ତ୍ତୀକୃତ ଏକ ପ୍ରାଚୀନ ଟୀକା କୃଷ୍ଣଦାସ ବାବା ପ୍ରକାଶ କରିଛନ୍ତି।

'ହଂସଦୂତ'ର ଦୁଇଟି ଓଡ଼ିଆ ଅନୁବାଦ ରହିଛି।

୧. ହଂସଦୂତ ଚକ୍ରଧର ଆଚାର୍ଯ୍ୟ
(ନନ୍ଦପୁର ଶାସନ, ହିନ୍ଦୋଳ)
୧୯୨୪ରେ ପ୍ରକାଶିତ

୨. ହଂସଦୂତ ବିଶ୍ୱନାଥ କର 'ଦରଦୀ କବି'
(ଚୌଦ୍ୱାର ନିବାସୀ)
୧୯୬୫ରେ ପ୍ରକାଶିତ

ଏହା ବ୍ୟତୀତ, ଯଦିଓ ପୁସ୍ତକ ଆକାରରେ ପ୍ରକାଶ ପାଇନି, ତଥାପି 'ଉତ୍କଳ ସାହିତ୍ୟ' ପତ୍ରିକାରେ ଏହା କ୍ରମାଗତ ଭାବରେ ସଂପୂର୍ଣ୍ଣ ରୂପେ ପ୍ରକାଶ ପାଇଛି। କିନ୍ତୁ ଅନୁବାଦକଙ୍କ ନାମ ଦିଆନଯାଇ, ଶ୍ରୀ- ବୋଲି ଲେଖା ଯାଇଛି।

ଆଉ ଗୋଟିଏ କଥା, ଚକ୍ରଧର ଆଚାର୍ଯ୍ୟ ତାଙ୍କ 'ହଂସଦୂତ'ର ଭୂମିକାରେ (ଯାହାକୁ ସିଏ 'ନିବେଦନ' ବୋଲି ଲେଖିଛନ୍ତି) ଲିପିବଦ୍ଧ କରିଛନ୍ତି- "କବିବର ରାଧାନାଥ ସଂସ୍କୃତ ହଂସଦୂତରୁ କତିପୟ ଶ୍ଳୋକ ଅନୁବାଦ କରିଥିଲେ। ସଂପୂର୍ଣ୍ଣ କରିବାକୁ ତାଙ୍କୁ କାଳ ସହିଲା ନାହିଁ; ଏଣୁ ସେହି ଅନୁବାଦ ଅସଂପୂର୍ଣ୍ଣ ରହିଗଲା। କାହିଁ ରାଧାନାଥ କାହିଁ ମୋ ପରି ଅଳ୍ପ ଧୀସଂପନ୍ନ ନଗଣ୍ୟ ବ୍ୟକ୍ତି। ଯାହା ହେଉ କବିଗୁରୁଙ୍କ ଆଶିଷକୁ ସମ୍ବଳ କରି ହଂସଦୂତ ଅନୁବାଦ କରିବାକୁ ପ୍ରୟାସୀ ହେଲି।"

ଅନ୍ୟାନ୍ୟ ପ୍ରାଦେଶିକ ଭାଷାରେ ଏହାର ଅନୁବାଦ ଓଡ଼ିଆ ଅନୁବାଦ ଅପେକ୍ଷା ଅଳ୍ପ ବା ନାହିଁ କହିଲେ ଚଳେ।

ଏହାର ଇଂରେଜୀ ଅନୁବାଦ କରିଛନ୍ତି ଭାନୁ ଗୋସ୍ୱାମୀ। ଏହା ୨୦୧୮ ମସିହାରେ ପ୍ରକାଶ ପାଇଛି।

ମୋର ଏହି 'ହଂସଦୂତ'ର ଅନୁବାଦ ବିଶ୍ୱନାଥ କରଙ୍କ ଅନୁବାଦ ପ୍ରକାଶିତ ହେବାର ପ୍ରାୟ ୬୦ବର୍ଷ ପରେ ପ୍ରକାଶ ପାଇବାକୁ ଯାଉଛି। ମୋର ଏହି ଅନୁବାଦଟି ଯଦି ସୁଧୀ ପାଠକ-ପାଠିକାମାନଙ୍କ ମନକୁ ଆନନ୍ଦ ପ୍ରଦାନ କରେ, ତେବେ ମୋର ଶ୍ରମ ସାର୍ଥକ ହେଲାବୋଲି ମନେ କରିବି।

ଅନୁବାଦକ

୧

ସିଏ ଯେ ଉଜ୍ଜ୍ୱଳ ପୀତାମ୍ବର ଧାରୀ
ଚରଣ ତଳର ରଂଗ ତ ଜବାର ସମ
ମୁଖମଣ୍ଡଳରେ ମୃଦୁ ହାସ୍ୟ ଥାଏ
ଅଙ୍ଗ ଯେ ତାଙ୍କର ଦିଶଇ ତମାଳ-ଶ୍ୟାମ
ଚିନ୍ମୟ ରୂପ ଯେ ଅଟେ ତାଙ୍କର
ପରମ ଆନନ୍ଦ ଧାମ ସେ ତ
ଶ୍ରୀରାଧା ବଲ୍ଲଭ ନନ୍ଦସୁତ
ବିରାଜନ୍ତୁ ସଦା ହୃଦେ ମୋହର ॥

୨

ହୃଦୟ-ରତନ ଗୋପୀଗଣଙ୍କର
କାହ୍ନା ତେଜିଗଲେ ନନ୍ଦଭବନ
କରିଲେ ସେ ମଥୁରାକୁ ଗମନ
ଅକ୍ରୂରର ଅନୁରୋଧ ସେ ରଖି
ରଥରେ ବସି ତା ସହିତ ଗଲେ
ରାଧାରାଣୀ ତେଣୁ ବ୍ୟଥିତା ହେଲେ
ବିରହ କାତରା
ହୋଇରାଧା ପରା
ନିବିଡ଼ ଚିନ୍ତାରେ ହୋଇଲେ ମଗ୍ନା
ଥିଲେ ସିଏ କୃଷ୍ଣ-ପ୍ରଣୟ-ଲଗ୍ନା ॥

୩

ବିରହେ ଚଞ୍ଚଳ-ମନା
ହେଲେ ଯେବେ ରାଇ
ମର୍ମେ ଥିବା ଦୁଃଖ ସବୁ
ତେଜିବାର ପାଇଁ
ଶିଥିଳ ପଦରେ
ସଖୀ ଗହଣରେ
ଯମୁନା କୂଳକୁ କଲେ ଗମନ
କୁଞ୍ଜେ ରହିଥିବା ଲତା-ବିତାନ
ଥିଲା ଆଗ ପରି,
ମନ ହେଲା ଘାରି
ନଥିଲେ ତ ଖାଲି ପରାଣ-ପ୍ରିୟ
ଫାଟି ଯାଉଥିଲା ତାଙ୍କ ହୃଦୟ
ତାଙ୍କ ଚିତ୍ତଜ୍ୱାଳା
ଦ୍ୱିଗୁଣିତ ହେଲା
ମୂର୍ଚ୍ଛିତା ହୋଇଲେ ତେଣୁ ଯେ ରାଧା
ଲଭି ବିଚ୍ଛେଦର ଅଶେଷ ବାଧା ॥

୪

ସଂଜ୍ଞାହୀନା ରାଧା
ନିଥର ତନୁ
ବୁକୁରେ ଯାକି
କମଳ-ପତ୍ରର
ଶେଯ ଉପରେ
ଯତନେ ରଖି
ସେ ମୋହଦଶାରେ
ବେଢ଼ି ରହି ତା'ରେ
ବ୍ୟଜନ କରିଲେ ପଦ୍ମ ପତ୍ରରେ
ସଖୀଗଣ ପରା
ହୋଇଣ ଅଧୀରା
ଅଶୁଭକୁ ଭାବି ଶଙ୍କାକୁଳରେ
କରୁଥିଲେ ଶୋକ
ଝରାଇ ଲୋତକ
ଅଶ୍ରୁପାତ ଧାରା
ପଡ଼ିବା ଯୋଗୁ
ଯମୁନା ଜଳେ
ତରଙ୍ଗ ତାହାର
ଦ୍ୱିଗୁଣ ହୋଇ
ତେଣୁ ଉଚ୍ଛୁଳେ ॥

୪

ସଖୀ ଲଳିତାଙ୍କ ବକ୍ଷସ୍ଥଳେ ଶୋଇ
ସେବା ଲାଭ କଲେ କୃଷ୍ଣପ୍ରିୟା ରାଇ
ଯମୁନା ନଦୀର ଶୀତଳ ଜଳରେ
ସିକ୍ତ ସେ କମଳ-ପତ୍ରେ
ବିଞ୍ଚଣା ଭାବରେ ବ୍ୟବହାରେ ନେଇ
ବ୍ୟଜନ କରିବା ମାତ୍ରେ
କଣ୍ଠ ଦେଶର ନିଃଶ୍ୱାସ-ବାତ
ସ୍ପନ୍ଦିତ ହେବା ଦେଖିଣ ହଠାତ
ଖୁସୀ ହୋଇଗଲେ ସଙ୍ଗିନୀ ସକଳେ
ଉଚ୍ଚେ କଲେ କଳରବ
କୁଞ୍ଜକାନନ ଯେ ମୁଖର ହୋଇଲା
ଶବ୍ଦ ଶୁଣି ଅଭିନବ ॥

୬

ପଦ୍ମପତ୍ରମୟୀ ଶଯ୍ୟାରେ ରଖିଲେ

ବିଧୁରା-ହିୟା ସେ ରାଧାଙ୍କର ହାତ ଧରି

ଜଳ ଆହରଣ କରିବାର ଆଶେ

ଲଳିତା ଯେ ଗଲେ ଯମୁନାର ପାଶେ

ସମ୍ମୁଖେ ଦେଖିଲେ ଶଙ୍ଖ-ବରନର

ମରାଳ ଗୋଟିଏ ମଧୁର-ଶବ୍ଦକାରୀ

ଆଗେଇ ଆସୁଛି ସେ ତ ଢଳି ଢଳି

ଆସଇ ଯେ ଲଘୁ ଛନ୍ଦେ ପଦ ଚାଳି

ଶୁଭ୍ର-ଗ୍ରୀବା ତା'ର ଉଠାଇଛି ଉର୍ଦ୍ଧ୍ୱେ

କଳକଣ୍ଠେ ଗାଏ ଗାନ

କାଳିନ୍ଦୀର ସ୍ୱଚ୍ଛ ଘାଟର ନିକଟେ

ଉତ୍ତାଳ ହୁଅଇ ମନ ॥

୭

ଲଳିତା ନିରେଖି ମନୋରମ ପକ୍ଷୀଟିରେ
ହୋଇ ଅତି ହୃଷ୍ଟମନା
ଆଗେଇ ଆସିଲେ ତାହାର ନିକଟେ ସେ ତ
କଲେ ଯେ ତା'ର ବନ୍ଦନା
ଉଦ୍ବେଗର ଭରେ
ଚିନ୍ତିଲେ ମନରେ
ଭାଗ୍ୟବଳେ ଆଜି
ମିଳିଗଲା ପରା
ଯୋଗ୍ୟ ଦୂତ ରୂପେ
ପକ୍ଷୀ ପ୍ରବର
କୃଷ୍ଣଙ୍କ ସମୀପେ
ପେଷିବେ ତାହାକୁ
ଦୌତ୍ୟକାମ ଦେଇ
କଂସ ନଗର ॥

୮

କୃଷ୍ଣ-ବିରହରେ ହୋଇ ବ୍ୟଥିତ ।
ନିଷ୍ଠୁର ଭାବକୁ ଦେଖି ଦୁଃଖିତ ।
ଅସହିଷ୍ଣୁତା ଯେ ମନେ ଜାଗିଲା
ଦ୍ବେଷ-ଭାବ ପରା ପ୍ରକଟ ହେଲା
     ତେଣୁ ସିଏ ହଂସ ପାଶେ
         କହିଲେ ଅତି ବିଶ୍ବାସେ
ସଂଦେଶ ବହନ
     କରିବା ସକାଶେ
              କହିଲେ ବିନୟେ ଅତି
ଦୋଷ କିବା ଅଛି
     ସେଥିରେ ତାଙ୍କର ?
              ଦାୟୀ ଅଟେ ପରିସ୍ଥିତି ॥

୯

ବାସ ତୋର ନୀଳ ଯମୁନା ଜଳେ
ଭକ୍ଷଣ କରୁ ତୁ ପଦ୍ମ-ମୃଣାଳେ
ଆରେ ମରାଳ
ହୃଦୟ ଯେ ତୋର ଅତି ନିର୍ମଳ
ଅଟୁ ମହତ
ସେଥିଲାଗି ଧରା ଏ ଗୋପ-ନାରୀ
ତୋ ନିକଟେ ଆଜି କରେ ଗୁହାରୀ
ମହତ ନିକଟେ ଭିକ୍ଷାର ଯାଚନା
ବିଫଳ କେବେ ବି ହୁଏନି
ତେଣୁ ତୋଠାରେ ତ ପ୍ରାର୍ଥନା କରୁଛି
ଅବଳା ମୁଁ, ଅତି ଦୁଃଖିନୀ ॥

୧୦

ଆମକୁ ବିସ୍ମରି
ଦୀର୍ଘଦିନ ଧରି
ମଥୁରାରେ କୃଷ୍ଣ
ରହୁଛନ୍ତି ପରା
ସୁଖର ପ୍ରହର ଗଣି
ନିଷ୍ଠୁର ନାଗରେ
ଆମ ଦୁଃଖ କଥା
ଦିଅରେ ତୁହି ବଖାଣି
ବାର୍ତ୍ତାବହ ହୁଅ ମରାଳ !
କୃଷ୍ଣଙ୍କ ନିକଟେ ତୁ ଚଳ ॥

୧୧

ଯାତ୍ରା ପଥ ତୋର
ହେଉ ରେ ହଂସ
ସଦା ମଙ୍ଗଳମୟ
ପ୍ରଫୁଲ୍ଲିତ ହୋଇ
କ୍ଷିପ୍ର ଗତି ନେଇ
ସୁନୀଳ ଅମ୍ବରେ
ଉଞ୍ଚରେ ଉଡ଼
ଦରଦୀ ବନ୍ଧୁ ପ୍ରିୟ !
ଖୋଲି ତୋର ପକ୍ଷ ଚପଳ ଛନ୍ଦେ
ଉଡ଼ି ଯାଆ ତୁରେ ଅତି ଆନନ୍ଦେ
ଊର୍ଦ୍ଧ୍ୱ ନୟନେ
ଗୋପ ଶିଶୁ ଗଣ
ଦେଖିବେ ସେବେଳେ ତୋତେ
ବିପୁଳ ହର୍ଷେ
ଧାଇଁବେ ସେମାନେ
କୋଳାହଳ କରି କେତେ ! ॥

୧୨

କିଶୋର ମୁକୁଟମଣି
ଗୋପୀଗଣ ମନଚୋର
ଶ୍ରୀକୃଷ୍ଣଙ୍କୁ ଯେଉଁ ପଥେ
ବସାଇଣ ନିଜ ରଥେ
ନେଇଗଲା ତ ଅକ୍ରୁର
ଜଗତ ବିଦିତ ସେହି ପଥେ ପ୍ରିୟ
ଯାଆ ଯାଆ ବେଗି ମଥୁରାପୁରେ
ସେହି ନଟଖଟ ଯଶୋଦା ନନ୍ଦନେ
ଭେଟକର ତୁହି ଦୂତ ଭାବରେ ॥

୧୩

ରୋଦନ ଫଳରେ
ପାଣ୍ଡୁର ଦିଶଇ
ଗଣ୍ଡସ୍ଥଳ ଗୋପୀଙ୍କର
ପାଗଳିନୀ ପରି
ବିଳାପ କରନ୍ତି
ବ୍ୟାକୁଳ ହୃଦ ତାଙ୍କର
ଶ୍ରୀକୃଷ୍ଣ ରଥର ଚକ୍ରଧାର ଦେଖି
ଚିହ୍ନି ଯିବୁ ତୁହି ସେ ପଥେ ନିରେଖି
ଯାଆ ତୁ ଚଞ୍ଚଳ କରି
କଂସର ମଥୁରାପୁରୀ ॥

୧୪

ଅର୍କତନୟାର ମଧୁର ଶ୍ୟାମଳ
 ସଲିଳକୁ ନେଇ କର ତୁ ପାନ
ଭକ୍ଷଣ କର ତୁ ଚନ୍ଦ୍ରକର ସମ
 ଧବଳ କୋମଳ ମୃଣାଳମାନ
ବିଶ୍ରାମର ସୁଖ ଘନଛାୟା ଶାଖେ
 ଲାଭ ତୁ କରିବୁ କିଛିକ୍ଷଣ ସଖେ !
ଅନ୍ତେ ତାହାର
ଆନନ୍ଦ ମନରେ ମଥୁରା ନଗରେ ଗମନ କର ॥

୧୫

ଅକ୍ରୂର ସାଥେ
ଅରୋହି ରଥେ
ଗଲେ ଯେବେ ପ୍ରାଣ ପ୍ରିୟ
କୁସୁମ ପରି
ପ୍ରାଣେ ତାଙ୍କରି
ଚଡ଼କ ପଡ଼ିଲା ହାୟ !
କାନ୍ଦି କାନ୍ଦି କରି କିଛି ଦୂର ଯାଏଁ
ସେହି ପଥେ ଧାଇଁ ଥିଲେ ଯେ ଗୋପୀଏ
କୃଷ୍ଣଙ୍କର ପଛେ,
ଧରି ସାହସ
ସେହି ବାଟେ ତୁହି
ଯାଆ ସାରସ !
ଯାଆ ତୁ ମଥୁରାପୁରୀ
ଅବଳା ନାରୀର ମନର ବେଦନା
କହ ତାଙ୍କୁ ଭେଟି କରି ।
କୀର୍ତ୍ତିତୋର ହେବ
ମହୀୟାନ
ରହିବ ତ ତାହା
ଚିରଦିନ
ବ୍ୟାପ୍ତ ହୋଇ ଭୁବନରେ
ମହତ ଜନର
ଜୀବନ ତ
ଜଗତ ଜନଙ୍କ
କରେ ହିତ
ଗୁଣଗାନ ବିଶ୍ୱ କରେ ॥

୧୬

କ୍ଲାନ୍ତ ହେବୁ ଯଦି ତୁହି
କଦମ୍ବ ଶାଖାରେ ରହି
ଦେଖିବୁ ତା ଆଖେ ପାଖେ
ଗହନ ଶାଖା ଯେ କେତେ
କିଶଳୟ ସବୁଜିମା
ମନକୁ ଲୋଭାଏ ସତେ !
ସେହି ବିଟପୀର ଶାଖାରେ ବସି
ନନ୍ଦ-ନନ୍ଦନ ଯେ ମୁରୁକି ହସି
ମନକୁ ଆମର ଲୁଟୁଥିଲେ ଯେ
ନଟଖଟିଆ କାଳିଆ କାହ୍ନା
ହରିନେଇ ଆମ ପିନ୍ଧା ବସନ
ନୀପବୃକ୍ଷ କୋଳେ ରଖି ବହନ
ଚାହିଁ ରହୁଥିଲେ ଅଙ୍ଗେ ଆମର
ଆମେ ଥିଲୁ ଅର୍ଦ୍ଧ ଜଳ-ମଗ୍ନା ।
ସେହି କଦମ୍ବ ତ ଘଞ୍ଚ ଆଜି
ଭେଦେନି ସୂର୍ଯ୍ୟଙ୍କ ରଶ୍ମିରାଜି
ହରିବ ତାହା ଯେ
କ୍ଲାନ୍ତି ତୋର
ମନ ତ ହୋଇବ
ଶାନ୍ତ, ସ୍ଥିର ॥

୧୭

ସେହି କଦମ୍ବରେ କରି ଅବସ୍ଥାନ
କରନ୍ତି ଲାବଣ୍ୟ-ରାଶି ବିକୀରଣ ।
ଶିଖୀ ପୁଚ୍ଛେ ହୋଇ ମଣ୍ଡିତ କିପରି
ଦିଶନ୍ତି ସୁନ୍ଦର ପୀତାମ୍ବରଧାରୀ !।
ତମାଳ ଶ୍ୟାମଳ ବପୁ ଯେ ତାଙ୍କର
ତୋଳନ୍ତି ବଂଶୀରେ ଅପରୂପ ସ୍ୱର ॥

୧୮

ଦେଖିବ ତ ତୁମେ
ରାସ୍ତାର କଡ଼ରେ
ସେହି ରାସଲୀଳା ଭୂଇଁ
ତୃପ୍ତ ହେବ ତୁମ
ନୟନ ଦୁଇଟି
ତାହାର ଦର୍ଶନ ପାଇ ।
ହଲ୍ଲୀଷକ ନୃତ୍ୟ
କରୁଥିବେ ତହିଁ
ଗୋପର ଅଙ୍ଗନା ଗଣେ
ହୃଷ୍ଟବାଳା ଦେହୁ
ଝରି ମଦକଣା
ପଡ଼ିଥିବ ଏଣେ ତେଣେ ।
ସ୍ପର୍ଶରେ ତାହାରି
ଶ୍ୟାମଳ ବରନ
ରାସସ୍ଥଳ ହୋଇଥିବ
ଗୋପିକା ମାନଙ୍କ
ନୃତ୍ୟେଦଳି ହୋଇ
ମଲ୍ଲୀଲତା ତହିଁଥିବ ॥

୧୯

କୁଞ୍ଜର ନିକଟେ
ମାଧବୀ ଲତିକା-
ବେଷ୍ଟିତ ଯେ କେଳିପୁର
ଆରେ ହଂସ ! ତୁହି
ତାକୁ ଦେଖିବୁନି,
ମାନରେ କଥାଟି ମୋର;
କାରଣ ତାହାକୁ ଦେଖିଲେ ତୋ ମନେ
ଆନନ୍ଦର ଢେଉ ଖେଳିବ ସଘନେ
ତେଣୁରେ ମରାଳ !
ଗମନର କଥା
ପାଶୋରିବୁ ମନୁ ତୋର
ଗତିରେ ବ୍ୟାହତ
ଘଟିବ ନିଶ୍ଚିତ
କୃଷ୍ଣଙ୍କ ନିକଟେ
ବାର୍ତ୍ତା ଜଣାଇବା
ହୋଇଯିବ କଷ୍ଟକର ।
କହୁ ଅଛି ମୁହିଁ ଶୁଣ
କୃଷ୍ଣ ଯଦି ଆମ ବାର୍ତ୍ତା ନ ପାଇବେ
ମରିଯିବୁ ଗୋପୀଗଣ ॥

୨୦

ଯେବେ ତୋର ହଂସ ହରି-କେଳିବାସ
ଦେଖିବାକୁ ହେବ ମନ
ଆମ କାର୍ଯ୍ୟେ ହାନି ହେଲେ ପଛେ ହେଉ
କର ତୁହି ଦରଶନ।
ତାହା ଫଳେ ତୋର ବାହ୍ୟେ ଓ ଅନ୍ତରେ
ପବିତ୍ରତା ଭରିବଇଁ
ଯାଇ ସେ ପଥରେ ଦେଖ ଆରେ ହଂସ
ଶ୍ୟାମଙ୍କର ଲୀଳାଭୂଇଁ।
ବ୍ୟର୍ଥ ହେବ ତୋର ସୁଗୁଣ-ଗାରିମା
ନ ଦେଖିଲେ ତାହା ତୁ ତ
ଯାହା ମନେ ନାହିଁ କୃଷ୍ଣଙ୍କ ଭାବନା
ଜୀବିତ ହୋଇ ସେ ମୃତ ॥

୨୧

ଥରେ ମାତ୍ର ଶୁଣି ଯେଉଁ ବେଣୁରବ
ଭେଟନ୍ତି ଗୋପୀଏ କାହ୍ନା ସହିତ
ଗୁପ୍ତ-ପ୍ରଣୟର ମୂକ-ସାକ୍ଷୀ ପରା
ଗୁଳ୍ମେ ଭରା ଗିରି ଗୋବର୍ଦ୍ଧନ ତ ।
ଦେଖି ସେହି ଗିରି ଅନ୍ତରେ ତୁମର
ଆନନ୍ଦ ଜାଗିବ ଜାଣ ହେ ତୁମେ
ଯେଉଁଠି ମେଣ୍ଟାଏ ଧେନୁ ତାର କ୍ଷୁଧା
ଖାଇ ଶ୍ୟାମ ତୃଣ ସେ ବନ-ଭୂମେ ।
ଶିଳାର ଉପରେ କରନ୍ତି ଶୟନ
ଚିତ୍ତ-ଚୋର ସେହି ଯଶୋଦା-ସୁତ
ଡେରି ନ କରି ତୁ ଯାଆ ଦ୍ରୁତ ବେଗେ
ପୂର୍ଣ୍ଣ ହେବ ମନସ୍କାମ ନିଶ୍ଚିତ ॥

୨୨

ଚକ୍ରପାଣି କର-ସ୍ପର୍ଶ ପାଇ
ଗୋବର୍ଦ୍ଧନ ଗିରି ଅଛି ରହି
      ଗିରି ଶ୍ରେଷ୍ଠ ବୋଲି ତାକୁ ଭାବୁ ତ
କୋପ ହୋଇ ଇନ୍ଦ୍ରଦେବ ଦିନେ
ବୃନ୍ଦାବନ ଧ୍ୱଂସ ରଖି ମନେ
      ବୃଷ୍ଟିପାତ କଲେ ବଜ୍ର ସହିତ ।
କୃଷ୍ଣ ସେ ଗିରିକୁ ଅଙ୍ଗୁଳିରେ ଟେକି ଧରି
ସୁର ପତିଙ୍କର ଦର୍ପସବୁ ଚୂର୍ଣ୍ଣ କରି,
      ବଞ୍ଚାଇ ରଖିଲେ ସଭିଙ୍କୁ ସିଏ ତ
      ଗୋବର୍ଦ୍ଧନ ଗିରି ତେଣୁ ଯେ ପ୍ରଖ୍ୟାତ ॥

୨୩

ଗୋବର୍ଦ୍ଧନ ଗିରି
ପ୍ରାନ୍ତଦେଶେ ପରା
ତମାଳ-ତରୁ ଯେ ରହିଛି କେତେ
ପ୍ରଣୟ-ଜ୍ୱାଳାରେ
ଶବରୀ ବାଳାଙ୍କ
ଶରୀରେ ଉତ୍ତାପ ବଢ଼ିଛି ସତେ ! ।
ସେହି ତାପ ଫଳେ
ବହୁ ହନ୍ତସନ୍ତ
ହେଉ ଅଛନ୍ତି ତ ଏବେ ସେମାନେ
ସ୍ମରଣ ଆବେଗେ
ଅତୀବ କାତରେ
କପଟୀ କୃଷ୍ଣଙ୍କୁ ଜପନ୍ତି ମନେ ।
ଯମୁନା ନଦୀର ଉତ୍ତଳ ତରଙ୍ଗେ
ଶୀତଳତା ଭରିଯିବ ତୋର ଅଙ୍ଗେ
ସୁଶୀତଳ ଡେଣା
ସତେ ବା ବିଞ୍ଚଣା
ଦେ ଶୀତ-ବାଆ ଡେଣା ହଲାଇ
ସେହି ନାରୀଙ୍କର
ବେଦନା ଅଙ୍ଗର
ଦୂର କରି ଏବେ ଦେ ରେ ଭାଇ ! ॥

୨୪

ଦେଖିବୁ ରେ ତୁହି କୃଷ୍ଣ-କେଳି-ବନ
ତା ପାଶେ କଦମ୍ବ ବୃକ୍ଷ ଅଗଣନ
ସେ କୁଞ୍ଜକୁଟୀରେ କ୍ଷଣକାଳ ବସି
ଲଭିବୁ ବିରାମ ସୁଖ
ତାହା ଦେଖି ଖୁସୀ ନହେଲେ ତୋ ହିୟା
ବିଫଳ ହୋଇବ ତୋର ଦୂତକ୍ରିୟା
ପ୍ରଣୟ-ରସିକ କେଶବଙ୍କ ଲାଗି
ମନେ ଯେତେ ଭକ୍ତି ରଖ ॥

୨୫

ଅରିଷ୍ଟସୁରର ମସ୍ତକ ପଡ଼ିଛି
ବୃନ୍ଦାବନ ପ୍ରାନ୍ତ-ଦେଶେ
ଶରତ-କାଳୀନ ମେଘମାଳା ସମ
ଧବଳ ବର୍ଣ୍ଣ ସେ ଦିଶେ।
ମହେଶ୍ୱର-ସଖା ଯକ୍ଷପତିଙ୍କର
ଛନ୍ତି ଯେତେ ଯକ୍ଷଗଣ
କୈଳାସ-ପର୍ବତ ବୋଲି ଚିନ୍ତାକରି
କରନ୍ତି ତା ଆରୋହଣ ॥

୨୬

ଯାଆ ତୁ ରେ ହଂସ ! ଉଚ୍ଚ ସ୍ୱନ କରି
         ଯାଆ ବୃନ୍ଦାବନ ପଥେ
କୃଷ୍ଣ ବିରହର ଦଶମ ଦଶାରେ
         ଥିବେ ବ୍ରଜବାଳା କେତେ !
କାନ୍ଦୁଥିବ ତାଙ୍କ ଅବଳା ହୃଦୟ
         ନିରାଶା-ଆକ୍ରାନ୍ତ ଫଳେ
ପ୍ରାଣ ହୀନା ସମ ରହିଥିବେ ସର୍ବେ
         ପାଣ୍ଡୁର ମୁଖମଣ୍ଡଳେ ।
କର୍ଣ୍ଣେ ଶୁଣି କରି ତୋର କଳରବ
         ଆନନ୍ଦିତା ସର୍ବେ ହେବେ
କୃଷ୍ଣଙ୍କ ଚରଣ-ନୂପୁର ଶବଦ
         ସେ ଧ୍ୱନିକୁ ବିଚାରିବେ ।
ନିଥର ତନୁରେ ଫେରିବ ଯେ ପ୍ରାଣ
         ଶ୍ୟାମ ଚିନ୍ତା ଘାରିବ ତ
ଦ୍ରୁତ ଗତିରେ ତୁ ଯାଆ ଆରେ ହଂସ
         ସୁଖ ତାଙ୍କୁ ମିଳିବ ତ ॥

୨୭

ଶ୍ୟାମଳ ବୃକ୍ଷରେ ବସି କ୍ଷଣକାଳ
ସୁଖ ଅନୁଭବ କରିବୁ ହେଲେ
ବୃକ୍ଷର ଶୋଭା ତ ବର୍ଦ୍ଧିତ ହୋଇବ
ଛାୟା-ମେଦୁର ସେ କାନନ କୋଳେ।
ସେ ଘନ ଶ୍ୟାମଳ କାନନର ପରା
କୋମଳ ପରଶ ଲଭିଁରେ ହଂସ !
ଆନନ୍ଦର ସୀମା ଟପିବ ହୃଦର
ମନରେ ଜାଗିବ ହର୍ଷ ଅଶେଷ।
ଶୁକ୍ଳ ବରନର ପତାକା ଉଡ଼ାଇ
ହଂସ ତୁହି ଉଡ଼ିଯିବୁ ରେ ଯେବେ
ଶଙ୍ଖପାଣି ମୂର୍ତ୍ତି ଝଲସି ଉଠିବ
ସୁନୀଳ ଅମ୍ବର କୋଳରେ ତେବେ ॥

୨୮

ବିଶ୍ୱପିତାଙ୍କର ନୟନୁ ନିର୍ଗତ
ପ୍ରେମଧାରା ଅବିରାମ
ତାହା ଲଭି ତହିଁ ଥିବା ତୃଣଲତା
ହୋଇଅଛି ସଶ୍ମଶ୍ୟାମ ।
ବ୍ରହ୍ମାଙ୍କ ବାହନ ଅଟୁ ତୁ ମରାଳ
ଦେଖି ତୋର ଆଗମନେ
ଭାବିବେ ସେ ସ୍ଥାନେ ଆସିଛନ୍ତି ବ୍ରହ୍ମା
ତେଣୁ ବନଦେବୀମାନେ ।
ବ୍ରଜେ ପୁନର୍ବାର ବିଶ୍ୱପିତା ପରା
ହୋଇଛନ୍ତି ଉପସ୍ଥିତ
ତାଙ୍କ ପାଦପଦ୍ମ ପରଶେ ତ ଆଜି
ହୋଇଛି ଏ ସ୍ଥାନ ପୂତ ॥

୨୯

ବରଜବାଳୀ
ମୁଞ୍ଛିଲେ ଲୋତକ ନୟନୁ ଢାଳି ।
କୃଷ୍ଣ ଯିବା ପରେ
ଚିନ୍ତିତା ମନରେ
ତାଙ୍କ କଥା ସଦା ଭାବୁ ଯେ ଥିଲେ
ଦର୍ଶନର ପାଇଁ
ବିହ୍ୱଳିତା ହୋଇ
ଧୀରେ ଯମୁନାର କୂଳକୁ ଗଲେ ।
ପଡ଼ି ନେତ୍ର ଜଳ
ସରଣୀ ପିଚ୍ଛିଳ
ଚାଲୁ ଚାଲୁ ପାଦ ହୁଏ ସ୍ଖଳିତ
ତେଣୁ ତାଙ୍କ ଗତି
ବିଳମ୍ବ ଯେ ଅତି
କଂପି ଉଠେ ଉରୁ ଥରି ଥରି ତ ॥

୩୦

କଳାକାହ୍ନୁ ପରା ଚପଳ ଛନ୍ଦେ
ନୃତ୍ୟ କରିଥିଲେ ମହା ଆନନ୍ଦେ
କାଳିୟ ନାଗର ଶିରେ
ସର୍ପ ମସ୍ତକରୁ ଖସିଲା ମଣି
ଯମୁନା ନଦୀର ଶ୍ୟାମଳ ପାଣି
ଧୂମିଳିତ ହେଲା ଖରେ ।
ହଂସ ! ମନଭରି ତୁହି ପାନକର
କଦମ୍ବ-କେଶର-ସୁରଭିତ ନୀର ॥

୩୧

ଯମୁନା କୂଳରେ ବିରାଜୁ ଅଛନ୍ତି ଯେ ବୃନ୍ଦାବତୀ
ସୁଗନ୍ଧରେ ଭରା ସେ ତୁଳସୀ ବୃକ୍ଷ, ପବିତ୍ର ଅତି ।
ସେ ତ ଶୀର୍ଣ୍ଣକାୟା
ଦୁଃଖିତ-ହୃଦୟା
ଗୋପୀ ପ୍ରେମ-ମର୍ମ ତାଙ୍କୁ ଜଣା
ବିନୟେ ତୁ ଅତି
କର ତାଙ୍କ ସ୍ତୁତି
ହେବୁ ନାହିଁ କେବେ ତୁ ବାଟବଣା ॥

୩୨

କେକାରବେ ମୁଖରିତ
ଏକାଦଶ ବନକୁ ତ
　　　　　ଅତିକ୍ରମ କର ତୁ ସାରସ !
ଦେଖିବୁ ଛାୟା-ମେଦୁର
ଘଞ୍ଚ ହୋଇ ସହକାର
　　　　　ଘେରି ଅଛି ସେ ବନ ଦ୍ୱାଦଶ ।
　　　　ଶୁଭ୍ର, ନିର୍ମଳ
　　　　କୀର୍ତ୍ତୀ ଚିରାଳ
　　　　　ମଧୁପୁରୀର ଉଡ଼େ ଗଗନେ
　　　　ତା ସମକକ୍ଷ
　　　　ନ ହୁଏ ଲକ୍ଷ୍ୟ
　　　　　ଇନ୍ଦ୍ରପୁରୀ ବି ହାର ତ ମାନେ ॥

୩୩

ହେ ହଂସ ! ଦେଖିବୁ ତୁହି ମଥୁରାରେ
କୈଳାସର ସମ ସ୍ତମ୍ଭ ସମୂହରେ,
ଶୁଭ୍ର ଅଟ୍ଟାଳିକା ରହିଛି ବହୁତ
ସତେ ତାହା କ୍ଷୁଦ୍ର କ୍ଷୁଦ୍ର କୈଳାସ ତ !
ପତ୍ରେ ପୁଷ୍ପେ ଭରା ଉପବନ ତା'ର
ଜଳ ଯେ ମଧୁର ଯମୁନା ନଦୀର,
ପିଅ ତୁ ସେ ନୀର ଉଲ୍ଲାସ ମନରେ
ଲଭିବୁ ତ ହର୍ଷ, ଦୁଃଖ ଯିବ ଦୂରେ ।
ଯମୁନାର ତୀରବର୍ତ୍ତୀ ମଧୁପୁରୀ
ଦେବ ଯେ ଆନନ୍ଦ ହୃଦୟରେ ଭାରି ॥

୩୪

ଦେଖିବୁ କେଉଁଠି ଶିବଙ୍କ ବୃଷଭ
　　　　ନବୀନ ତୃଣରେ ମେଣ୍ଟାଉଛି କ୍ଷୁଧା
ବିଶ୍ୱପିତା-ବ୍ରହ୍ମା-ବାହନ ମରାଳ
　　　　କମଳ-ମୃଣାଳେ ଖୋଜୁଅଛି ସୁଧା ।
କାର୍ତ୍ତିକେୟଙ୍କର ବାହନ ମୟୂର
　　　　ସର୍ପକୁ ଖାଉଛି ଆନନ୍ଦରେ ଅତି
ଶଲ୍ଲକୀ ଲତାର ପଲ୍ଲବ ଗୁଡ଼ିକ
　　　　ଖାଉଛି ଇନ୍ଦ୍ରଙ୍କ ଐରାବତ ହାତୀ ॥

୩୫

ଶିଥିଳ ତୋହର ଉତ୍ତରୀୟଟି
    ଖସୁଛି, ପାରୁନୁ ରଖି
ଛିନ୍ନ ହୋଇଛି ଗଳାରୁ ତୋହର
    ମୁକୁତା-ମାଳା ଲୋ ସଖି !
ଉନ୍ମାଦିନୀ ତୁ ହୋଇଅଛୁ ପରା
    ଏବେ ଲୋ କ୍ଷଣକୁ କ୍ଷଣ
କୁଳଟା କହିବେ ତୋତେ ଲୋ ସର୍ବେ
    ଦେଖି ତୋର ଆଚରଣ ॥

୩୬

ବିରହେ ପରା ଚିତ୍ତହରା
ହୋଇଛି ଆଜି ସଖୀ ଆମର
ଗୋଟିଏ ପାଦେ ଅଳକ୍ତିମା
ଆନ ପାଦଟି ଖାଲି ତାହାର ।
ବେଶ-ରଚନା-କାରିଣୀକୁ ତ ଧୀରେ
କହିଲେ ରାଧା ବୁଝାଇ କରି ତାରେ,
ବେଶ-ରଚନା ଲୋଡ଼ା ନାହିଁ ତ ଆଉ
ଗହଣା ପିନ୍ଧା ସେତିକିରେ ଯେ ଥାଉ ।
ବସନେ, ଭୂଷଣେ ମଣ୍ଡିତା ତ ମୁହିଁ
ହେଉଅଛି ପ୍ରତିଦିନ
କିନ୍ତୁ ଅଟେ ପରା ପରମ ଦୁର୍ଲଭ
କୃଷ୍ଣଙ୍କ ରୂପ-ଦର୍ଶନ ।
ଦକ୍ଷିଣ ପଦ ମୋ ନ ହେଉ ରଂଜିତ ଅଳତା-ଗାରେ
ଚାଲିଲି ତ ଏବେ ଦର୍ଶନାଭିଳାଷ ଘେନି ମନରେ ।
ଶ୍ରବଣ କର
ପୁରନାରୀଙ୍କର ଆନନ୍ଦର ସେହି ଉତ୍ତାଳ ସ୍ୱର,
ବାରଣ୍ଡାରେ ତହିଁ ବିଜେ କରିଛନ୍ତି ନନ୍ଦ-ନନ୍ଦନ
କ୍ଷଣକାଳ ଯଦି ବିଳମ୍ବ କରିବି, ଛାଡ଼ିବେ ସ୍ଥାନ
ଦେଖି ପାରିବିନି କୃଷ୍ଣେ ତ ଆଉ
ବେଶ ପରିପାଟୀ ସେତିକି ଥାଉ ॥

୩୭

ସଦ୍ୟ ଫୁଟିଥିବା ଅଶୋକ ଫୁଲରେ
        ସୁସଜ୍ଜିତ ତାଙ୍କ କଳେବର
ଅପଲକ ନେତ୍ରେ ଦେଖୁଅଛ ତୁମେ
        କଂସଜୟୀ ରୂପ କୃଷ୍ଣଙ୍କର
ମଣିଭୁବନର
ବାତାୟନ ଦ୍ୱାର
        ରୁଦ୍ଧ କରି, ଏକାକିନୀ ଦେଖୁଅଛ ତୁମେ
ସେ ରୂପ ଦର୍ଶନ
ଚାହୁଁ ଅନୁକ୍ଷଣ
        ତଥାପି ସେଥିରୁ ବଞ୍ଚିତା ହୋଇଛୁ ଆମେ ॥

୩୮

ଲକ୍ଷ୍ୟହୀନ ଭାବେ ତୁମେ ତ ଏବେ
ଊର୍ଦ୍ଧ୍ୱ ପଥେ କିଆଁ ଦେଖୁଛ ସଖି !
ଭାବୁଛ କା କଥା ହୃଦୟେ ଲେଖି ?
ପ୍ରତକ୍ଷ୍ୟ ଭାବରେ ସହଚରୀଗଣ
ନିବେଦନ କରୁଅଛନ୍ତି ସତତ
ଶ୍ରବଣ କରୁନ ସେମାନଙ୍କ କଥା
ରହିଛ ଯେ ତୁମେ ମୂକ ହୋଇ ତ,
ତେଣୁ କରୁଅଛୁ ଆମେ ଅନୁମାନ
ଯୁବଗଣଙ୍କର ଯିଏ ନାୟକ
ସେହି ଘନଶ୍ୟାମ ହୋଇଛନ୍ତି ପରା
ତୁମ ନୟନ-ପଥର ପଥିକ ।
ତେଣୁ ଆଜି ତୁମେ ପଦ୍ମମୁଖୀ ରାଇ
କୃଷ୍ଣଙ୍କ ପ୍ରେମରେ ହୋଇଅଛ ବାଇ ॥

୩୯

କୃଷ୍ଣଙ୍କୁ ସୁମରି
ଲଜ୍ଜା ପରିହରି
କାହିଁକି ଗୋ ରାଧେ କର ରୋଦନ ?
ପ୍ରସ୍ଥାନ କରିବେ
ବୃନ୍ଦାବନୁ ଯେବେ
ମଥୁରା ଆସିବେ ନନ୍ଦ-ନନ୍ଦନ
କୃଷ୍ଣ ଯେ କପଟୀ
ନିଶ୍ଚେ ଆସିବେଟି
ପ୍ରେମମାଳା ଧରି ହାତେ ତାଙ୍କର
ଦୁଶ୍ଚିନ୍ତା ବରଜ
କୃଷ୍ଣ ରସ-ରାଜ
ପୂରଣ କରିବେ ଇଚ୍ଛା ତୁମର ॥

୪୦

ଆହେ ସଖି, ଏବେ ମଥୁରାପୁରୀରେ
ଦେଖି କୃଷ୍ଣଙ୍କର ମୁଖ-କମଳ
ମଧୁପୁର-ନାରୀ ଆନନ୍ଦିତା ହେବେ
ମନରେ ଜାଗିବ ହର୍ଷ ବିପୁଳ ।
ମୁଗ୍ଧ-ପରାଣରେ ବିତାଇବେ ପରା
ଦିବସ ଯାମିନୀ ଗୋପାଙ୍ଗନା ତ
ଦେଖି କରି ତାଙ୍କ ହର୍ଷିତ-ଆନନ
ଅନ୍ତରେ ଲଭିବ ସୁଖ ବହୁତ ॥

୪୧

କ୍ରମ ଅନୁସାରେ ଯାଦବଙ୍କ ଗୃହ
ଅତିକ୍ରମ କଲା। ପରେ
ନିଃସଂକୋଚେ ତୁହି ପ୍ରବେଶ କରିବୁ
କୃଷ୍ଣଙ୍କର ଅନ୍ତଃପୁରେ।
ଶ୍ରୀକୃଷ୍ଣ-ସଦନେ ଉର୍ଦ୍ଧ୍ୱେ ଉଡୁଥିବ
ବିଜୟ-ଧ୍ୱଜା ନିକର
ଗଗନ-ମଣ୍ଡଳ ସ୍ପର୍ଶ କରି ତାହା
ଦିଶୁଥିବ ମନୋହର ॥

୪୨

ସେହି ପ୍ରାସାଦର ଚୂଡ଼ାଦେଶେ ଅଛି
ସ୍ଫଟିକ ରଚିତ ବହୁ ସାରସ
ଚଞ୍ଚୁ, ଚରଣରେ ମଣି ଖଞ୍ଜା ହୋଇ
ଶୋଭାବର୍ଦ୍ଧନ ତ କରେ ବିଶେଷ।
ଦେଖିବୁ ରେ ହଂସ! ସେଗୁଡ଼ିକ ତୁହି
ସ୍ୱଜନ ଭାବିବୁ ପୁତ୍ତଳିକାରେ;
ବିଶ୍ୱପିତା ଯେବେ ଆସନ୍ତି ସେ ସ୍ଥାନେ
କୃଷ୍ଣ ଦରଶନ ନେଇ ମନରେ
ବିଶ୍ୱବିଧାତାଙ୍କ ସାରସର ଦଳେ
ସ୍ୱାଗତ କରନ୍ତି କୃତ୍ରିମ-ମରାଳେ,
ତୋହରି ଦର୍ଶନେ
ହର୍ଷ ତ ଲଭିବେ
ମଥୁରାନଗରୀ ଲଳନାଗଣ
ସ୍ୱାଗତ କରିବେ
ତୋତେ ଆରେ ହଂସ!
ଆତ୍ମହରା ହେବ ତୋହରି ମନ ॥

୪୩

ବିରହେ ଆକୁଳ ଗୋପବାଳାଗଣ
ଖୋଜିବାରେ ତାଙ୍କୁ ନିଷ୍ଫଳ ତ
ଯମୁନା-ପୁଳିନ କୁଞ୍ଜକାନନରେ
ରହିଛନ୍ତି ସିଏ ଲୁକ୍କାୟିତ ।
କହୁଛନ୍ତି ରାଧା- "ଆଗୋ ପ୍ରିୟ ସଖି
ଦେଖ ସେ ମୁରାରୀ ଦିଶନ୍ତି କି
ଜଳଦ-ମେଦୁର ତାଙ୍କ ରୂପଗୋଟି
ଦେଖିବା ସମ୍ଭବ ହୋଇବ କି ?" ॥

୪୪

ଏହାର ଉତ୍ତରେ କହିଲେ ତ ସଖି-
"ଦୁଃଖ କର ନାହିଁ ରାଧାରାଣୀ
ନୟନରୁ ଲୁହ ପୋଛିଦିଅ ତୁମେ
କହୁଛି ମୁଁ ଯାହା ଶୁଣ ପୁଣି ।
ମାଧବ ଆମର ସତ୍ୟବାଦୀ ପରା
ଆପଣା ବଚନ ରକ୍ଷା ପାଇଁ
ବୃନ୍ଦାବନେ ସିଏ ନିଶ୍ଚୟ ଆସିବେ
ଏଥିରେ ସଂଦେହ ମୋଟେ ନାଇଁ ।
ନୂତନ ମୟୂର ପୁଚ୍ଛେ ସାଜିହୋଇ
ଅଚିରେ ଫେରିବେ ନନ୍ଦସୁତ
କାନ୍ଦ ନାହିଁ ସଖି ! କାନ୍ଦ ନାହିଁ ଆଉ
ତାଙ୍କର ଫେରିବା ସୁନିଶ୍ଚିତ ॥

୪୫

ଗଗନ-ଚୁମ୍ବୀ ପ୍ରାସାଦ-ଶିଖରେ
ବିଲୋକି ଅଗୁରୁ-ଧୂମ୍ର ଲତା
ବର୍ଷା-ବିଳାସୀ ମୟୂର ବୁକୁରେ
ହୁଏ ଯେ ଜାଗ୍ରତ ବ୍ୟାକୁଳତା ।
ଶ୍ୟାମଳ ମେଘର ଦର୍ଶନେ ପରା
ଆନନ୍ଦିତ ହୁଏ ତନୁ-ମନ
ବନ୍ଦନାର ସ୍ତୁତି କରନ୍ତି ତ ଏବେ
ପୁଚ୍ଛ ଟେକି କେକା-କେକୀଗଣ ।
ପ୍ରଶଂସିବେ ତୋତେ ତେଣୁ ସଭିଏଁ ତ
ଜଳ-ପ୍ରିୟତା ତୋ ଦେଖିକରି
ସେ ଦୃଶ୍ୟେ ଦେଖିଲେ ଲାଗିବ ଯେ ପରା
ସମ୍ମୁଖେ ଛନ୍ତି ବ୍ରଜବିହାରୀ ॥

୪୬

ଶ୍ରୀଧର ସଦନେ ଦେଖିବୁ ରେ ହଂସ
ଗବାକ୍ଷ ଯେ ସୁସଜ୍ଜିତ
ମର୍କତ ମଣିରେ ଖଞ୍ଜା ହୋଇଥିବ
ସ୍ତମ୍ଭଟି ତହିଁରେ ମିତ ।
ଶ୍ରମର ହରଣ କରେ ସେହି ସ୍ତମ୍ଭ
ଅଗ୍ରଭାଗେ ବସି ତା'ର
ଯଶୋଦା-ନନ୍ଦନ ଭେଟର ପାଇଁକି
ମିଳିଯିବ ଅବସର ।
ଶୁଭ ମୁହୂର୍ତ୍ତ ଅପେକ୍ଷା ତ ତୁହି
କରେ ଆରେ ହଂସଦୂତ
ପ୍ରସନ୍ନ ହୋଇବେ କୃଷ୍ଣ ସେତେବେଳେ
କରି କୃପାଦୃଷ୍ଟିପାତ ॥

୪୭

ତ୍ରିଲୋକ ଶୋଭାର ଶ୍ରେଷ୍ଠ ଆଧାର
         ଶୁଭ୍ର କୋମଳ ଶୟନେ ସେ ତ
ଈଷତ୍ ବକ୍ରେ ରଖିଥିବେ ତନୁ
         ନଟଖଟ ସେହି ନନ୍ଦ-ସୁତ।
ସୌମ୍ୟ ମୂରତି ଶ୍ୟାମଙ୍କର ପରା
         ତାଙ୍କ ତନୁ ଅତି ସୁକୁମାର
ବଙ୍କିମ ଚାହାଣି ବଢ଼ାଇ ଦିଏ
         ଅପରୂପ ଶୋଭା ଯେ ତାଙ୍କର ॥

୪୮

ନିରେଖିବୁ ଅଙ୍ଗେ ଯମୁନା ଧାରାର-
ସମ ଉଚ୍ଛଳିତ ରୂପଶୋଭା
ଗଣ୍ଡଯୁଗଳର ପ୍ରାନ୍ତ ଭାଗରେ ତ
କୁଣ୍ଡଳ ଦୁଇଟି ମନୋଲୋଭା ।
ପୀତାମ୍ବରଟି ତ ଶୋଭା ପାଉଥିବ
କାଞ୍ଚନ ଦ୍ୟୁତିକୁ ପରା ଜିଣି
ସ୍ୱଚକ୍ଷୁରେ ତୋର ଦେଖିବୁରେ ତୁହି
ଶୟନ କରନ୍ତି ଚକ୍ରପାଣି ॥

୪୯

ଅଳିନ୍ଦେ ଦେଖିବ ସଖା,
ରତ୍ନଯଷ୍ଟି ମରକତମୟ
ନିଦ୍ରାଳୁ କଳାପୀ ତହିଁ
ଅଙ୍ଗୁ ତା'ର କ୍ଲାନ୍ତି କରେ କ୍ଷୟ ।
ଆକୁଣ୍ଠ ପରାଣେ ତୁମେ
ଶ୍ରାନ୍ତି ଦୂର କର ତାହା ପରେ
ସଯତ୍ନେ ପ୍ରତୀକ୍ଷା କର
ନନ୍ଦସୁତ ଫେରିବା ଆଶାରେ ॥

୫୦

ଯଦୁପତିଙ୍କର ସମୀପରେ ବସି
ତୋଳନ୍ତି ବିକଦ୍ରୁ ମଧୁର ତାନ
ପୌରାଣିକ ଗାଥା ସଂଯୋଜନା କରି
କରୁ ଅଛନ୍ତି ତ ସେ ସଂକୀର୍ତ୍ତନ ।
ମଣିସ୍ତମ୍ଭ ଦେହେ ଆଉଜି ବସନ୍ତି
କୁରୁକୁଳକଥା ରଚୟିତା ତ
ତାଙ୍କ କଥା ଶୁଣି ଗୋପାଙ୍ଗନାଗଣ
ଭୟଭୀତା ହେଉଛନ୍ତି ପ୍ରତୀତ ॥

୫୧

ସତ୍ୟକି ଓ କୃତବର୍ମା
ଉଭୟେ ତ ପୁଣ୍ୟକର୍ମା
କୃଷ୍ଣଙ୍କର ଦୁଇ ପାରୁଶରେ ବସି
ଚାମର-ବ୍ୟଜନ କରୁଥିବେ ହସି
ସ୍ୱର୍ଣ୍ଣେ ଗଢ଼ା ପୀଠରେ ତ
ସ୍ୱଜାନୁ କରି ସ୍ଥାପିତ
ଗୁରୁଦେବ ଶିଷ୍ୟ ଉଦ୍ଧବ ସେଠାରେ
ଲିପ୍ତଥିବେ କୃଷ୍ଣ-ପୟର ସେବାରେ ॥

୫୨

ସସଂଭ୍ରମେ ଜୋଡ଼ି ଯୁଗଳ-କର
ସମ୍ମୁଖରେ ଠିଆ ବିହଙ୍ଗ-ବର।
ଶ୍ରୀକୃଷ୍ଣଙ୍କ ମୁଖୁ ଆଦେଶ ପାଇ
କ୍ଷିପ୍ର ବେଗେ ସିଏ ଯିବ ତ ଧାଇଁ।
ଧୂସର ପକ୍ଷକୁ ମେଲିଲେ ନଭେ
ଶବ୍ଦ ତା ପୂରିବ ଅପୂର୍ବ ରବେ।
ତର୍କ ଭୁଲି ପୁରବାଳକମାନେ
ନିରେଖିବେ ଉର୍ଦ୍ଧ୍ୱେ ଶଙ୍କିତ ମନେ ॥

୫୩

ଚତୁର୍ମୁଖେ ବ୍ରହ୍ମା   କୃଷ୍ଣ ରୂପ ପରା

ଅସମର୍ଥ ବର୍ଣ୍ଣିବାରେ

ଗୋପାଙ୍ଗନାଗଣ   ଅବଳା ଅଟନ୍ତି

କିପରି ବର୍ଣ୍ଣିବେ ତାରେ ?

କୃଷ୍ଣଙ୍କ ଚରଣ   କନିଷ୍ଠା ଅଙ୍ଗୁଳି

ନଖ-କାନ୍ତି ବର୍ଣ୍ଣନା ତ

କରି ପାରନ୍ତିନି   ବିଶ୍ୱପିତା ନିଜେ,

ସେଲାଗି କରେ ଉଦ୍ୟତ ।

ଶ୍ରୀବିଗ୍ରହଙ୍କର   ସ୍ତୁତିପାଠ ପାଇଁ

ପ୍ରେମ ପ୍ରୟୋଜନ ଜାଣେ

ଦୁଃସାହସ ଏବେ   କରୁଅଛି ମୁହିଁ

ନାରୀଙ୍କ ଚପଳା ଗୁଣେ ॥

୫୪

ବ୍ରଜ ଶିଶୁଗଣ
ବତ୍ସାକୁ ହରିଣ
ଭୟ ପାଇ ଧାତାଙ୍କର
ଶ୍ରୀକୃଷ୍ଣ ପୟର
ତଳେ ନିଜ ଶିର
ଲଗାନ୍ତି ତ ବହୁବାର ।
ଦେବର୍ଷି ନାରଦ
ହୋଇ ଗଦଗଦ
ପଦ-ଦୀପ୍ତଶୋଭା ହେରି
ହର୍ଷରସେ ପରା
ହେଲେ ଆତ୍ମହରା
ବିବଶ ହୃଦ ତାଙ୍କରି ॥

୫୫

ଶ୍ରୀକୃଷ୍ଣ ଚାରଣ-ଶିରୀ
ମନେ ଭାଳି ପଙ୍କଜ ସମୂହ
ଜଳରେ ଯାପନ୍ତି ଦିନ
ହୁଏ ଯାହା ନିତାନ୍ତ ଦୁର୍ବହ ।
କଠୋର ତପସ୍ୟା ରତ
ଦେଖି ତାଙ୍କୁ ହିମରଷିବର
ମୃତ୍ୟୁ ଦଣ୍ଡ ଦେଇଥାନ୍ତି
ଫିଙ୍ଗି ଘନ ତୁହିନ-ନକର ॥

୫୬

ମରକତମୟ କଦଳୀକୁ ଜିଣି
ଶୋଭଇ ଉଜ୍ଜ୍ୱଳ ଜାନୁ
ଦ୍ୟୁତି-ବଳସିତ ଉଲ୍ଲାସରେ ଭରା
ଯଥା ସେ ପ୍ରଭାତ ଭାନୁ ।
କୃଷ୍ଣ-ପ୍ରେମେ ଗରବିଣୀ ଗୋପୀ ଚିତ୍ତ
ଉଦ୍ଧତ ଓ ବଳବାନ
ଦନ୍ତୀବନ୍ଧନର ସ୍ତମ୍ଭର ପ୍ରଭାବ
ପ୍ରାପ୍ତ ସେ ହୋଇଛି ଜାଣ ॥

୪୭

କୃଷ୍ଣଙ୍କ ଗଭୀର ନାଭି-ମଣ୍ଡଳକୁ
ଗୋପୀଏ ଭାବନ୍ତି ସରସୀ ବୋଲି
ଶଫରୀ ପରାଏ କରନ୍ତି ବିହାର
ତାଙ୍କ ବକ୍ଷମଧ୍ୟେ ସେମାନେ ଖାଲି।
ତହିଁରେ ଉତ୍ପନ୍ନ କମଳ ଗୋଟିଏ
ଗର୍ଭଗୃହେ ତ୍ରିଲୋକ ବିରାଜିତ
ବ୍ରହ୍ମାଙ୍କ ଉତ୍ପତ୍ତି ସେହି ଗୃହେ ପରା
ବଡ଼ଭୀ ପରାଏ ସିଏ ସେ ସ୍ଥିତ ॥

୫୮

ସେହି ନୀବିବନ୍ଧେ ତ୍ରିବଳି ବନ୍ଧନ
ଅପୂର୍ବ କାନ୍ତି ଯେ ତା'ର
ନୟନେ ତାଙ୍କର ଦିଶୁଥାନ୍ତି ମାତା
ସେ ରୂପ କି ଚମତ୍କାର ।
କୃଷ୍ଣଙ୍କର ମୁଖ-ଗହ୍ୱର ଭିତରେ
ତ୍ରିଭୁବନ ଦେଖି କରି
ବିସ୍ମୟ ଚକିତ ହେଲେ ତ ଯଶୋଦା
ଅଶ୍ରୁ ଗଲା ନେତ୍ରୁ ଝରି ॥

୫୯

ବନମାଳା ଶୋଭେ କୃଷ୍ଣ ବକ୍ଷସ୍ଥଳେ
ଅତୀବ ସୁନ୍ଦର ଦିଶେ
ଦର୍ଶନେ ଯାହାର କୃଶତନୁ ବାଳା
ବିଗଳିତ ରତିରସେ ।
ବସ୍ତୁରେ ଆବେଶ ପରିତ୍ୟାଗ ପରା
କରନ୍ତି ଲଳନା-ଗଣ
ମନସିଜ-ଜ୍ୱାଳା ଲଭନ୍ତି ସତତ
ଆବେଗରେ ହୋଇ ଲୀନ ।
ଶତ ତପନର କିରଣକୁ ଜିଣି
କୌସ୍ତୁଭମଣି ତ ଶୋହେ
ସେହି ବକ୍ଷସ୍ଥଳେ ଖଦ୍ୟୋତର ସମ
ହୀନପ୍ରଭ ହୋଇ ରହେ ॥

୬୦

ଇନ୍ଦ୍ରନୀଳ ସ୍ତମ୍ଭ ଯୁଗଳ ପରାଏ
ପ୍ରଭାମୟ ଆଉ ଦୀପ୍ତିମାନ
କେଶୀଦୈତହନ୍ତା ବେନି ବାହୁ ପରା
କେୟୁର ଭୂଷିତ, ଅତୁଳନ ।
ସେ ବାହୁ ଯୁଗଳ ଆଲିଙ୍ଗନେ ଏବେ
ଗୋପୀଏ ଲଭନ୍ତି ସୁଖ ଅତି
କୃଷ୍ଣ-କଣ୍ଠେ ଗୋପୀ-ଭୁଜମାଳାର ତ
ରତ୍ନ ଅଳଙ୍କାର ସମ ଦ୍ୟୁତି ॥

୬୧

ମୁଖକମଳରେ ଖେଳୁଥାଏ ପରା
ନବ-ଲାବଣ୍ୟ ଲହରୀ
ମୃଦୁ ମନ୍ଦ ହସ ପରକାଶେ ତହିଁ
ସୁଧାରସେ ଯାଏ ଭରି ।
ମୁକୁତାକୁ ଜିଣି ଶୋଭା ପାଉଥାଏ
ବିମଳ ଦଶନ-ମାଳା
ନୃତ୍ୟ କରୁଥିବା ଭ୍ରୂଲତା ଦୁଇଟି
ବଢ଼ାଏ ମଦନ-ଜ୍ୱାଳା ॥

୭୨

ହେ ମଧୁର-କଣ୍ଠ ସଖା !
କୃଷ୍ଣଙ୍କର ହେବ ଦେଖା
ଆମର ଏ ସବୁ ଭକ୍ତିରେ ତ ଆଉ
ପ୍ରୟୋଜନ କିଛି ନାହିଁ
କୃଷ୍ଣଙ୍କର ଯେତେ ଜ୍ଞାପକ-ଚିହ୍ନ ଯେ
କହି ରଖୁଅଛି ମୁହିଁ ।
ଦେଖି ଦେଲେ ଥରେ ଚିହ୍ନିବୁ ତାହାଙ୍କୁ
ସେଥିରେ ନ ହେବ ଭ୍ରମ
ହୃଦୟେ ଜାଗିବ ଅପାର ଆନନ୍ଦ
ପୂର୍ଣ୍ଣ ହେବ ମନସ୍କାମ ॥

୬୩

ଯଦି ଦେଖୁ ତାଙ୍କୁ
ମଧୁପୁର ବାଳା
ବିଳାସ-ଶଯ୍ୟାରେ ତୁହି
ସେ କାର୍ଯ୍ୟକଳାପ
ବିରୁଦ୍ଧରେ ଯିବା
ସମ୍ଭବ ନୋହିବ ଭାଇ ।
କାରଣ ଯେହେତୁ
ମଦମତ୍ତ ମରାଳୀର
ବିହାର-ବିଷୟେ
ସୁରସିକ ତୁହି ତା'ର,
କରିବୁନି ପ୍ରତିବାଦ
ସୁଧାରସ ଯିଏ ପିଇଛି ଜୀବନେ
ଜାଣେ ସିଏ ତା'ର ସ୍ୱାଦ ॥

୬୪

ଯେବେ ମଥୁରାରେ
            ବନ-କୋକିଳର
                        କୁହୁରବ ଜାଣି ଉଠେ
ଗିରି-ପ୍ରଦେଶରେ
            ମଲ୍ଲିକା-କୁସୁମ
                        ସଉରଭ ବାସ ଛୁଟେ।
ଏହି ଉଦ୍ଦୀପନା-କାରକ ପ୍ରସଙ୍ଗେ
            କୃଷ୍ଣଙ୍କ ହୃଦୟ ମାତେ ପ୍ରୀତିରଙ୍ଗେ,
ଯଦି ସେତେବେଳେ
            ଜାଗେ ତାଙ୍କ ମନେ
                        ବୃନ୍ଦାବନ-ସ୍ମୃତି ଶତ
ତୁହିରେ ସାରସ!
            ଆମ କଥା ତାଙ୍କ
                        ନିକଟେ କର ପ୍ରସ୍ତୁତ ॥

୬୫

କହିବୁ ହଂସ ସେ ଲଳିତ ନାଗରେ
ବ୍ରଜବାସ କାଳେ ପ୍ରେମରେ ଅତି
ଗୋଗୋଷ୍ଠରୁ ଫେରି ଧାଉଁଥିଲେ ପରା
ସୁଜଳା ଯମୁନା ନଦୀର କତି ।
ପ୍ରିୟଜ୍ଞାନ କରି ଯାହାଙ୍କୁ ତ ସିଏ
ଆଦର, ସମ୍ମାନ ଦେଲେ ବହୁତ
ତାହାର ବାନ୍ଧବୀ କରେ ନିବେଦନ
ତୁମ ଶ୍ରୀଚରଣେ ହୋଇ ଆନତ ॥

୬୬

ଶୈଶବ କାଳରୁ
ନବ କମଳିନୀ-
ପଲ୍ଲବ ପ୍ରଦାନ କରି
କପିଳା ଗାଈଟି
ପାଳିଥିଲ ତୁମେ
ବହୁତ ଯତନ କରି ।
ସ୍ତନଭାରେ ଆଜି
ଚାଲି ନ ପାରଇ,
ଆନତ-ଜଘନା ସେ ତ
ହମ୍ବାରଡ଼ି ଦେଇ
ତୁମକୁ ଖୋଜୁଛି
ସେ ଗାଭୀଟି ଅବିରତ ।
କହିବୁ ସାରସ ! ଯଶୋଦା-ନନ୍ଦନେ
ଥରେ ଦେଖ ତାକୁ ଆସି ସ୍ୱନୟନେ ॥

୬୭

ନୀପ ତରୁ ପାଶେ
ଥିଲା ଯେଉଁ ଲତା
ନବ ପଲ୍ଲବେ ଘେରା
ରୋପି ଥିଲ ତୁମେ
ଦିନେ ଯେ ତାହାକୁ
ଆପଣା ହସ୍ତେ ପରା ।।
କାନ୍ଦୁ ଅଛି ତାହା
ଦୁଃଖ ମନରେ ତ
ମଧୁବର୍ଷଣ ଛଳେ
କନ୍ଦାଉଛି ପୁଣି
ଗୋପବାଳାଙ୍କୁ ସେ
ଭସାଇ ଅଶ୍ରୁ-ଜଳେ ॥

୬୮

ଦେବକୀ ଗର୍ଭରୁ
ଜନମ ଲଭିଣ
ମରତ ଲୋକେ
ମୁଗ୍ଧ କରିଲେ ସେ
ଗୋପନଗରୀରେ
ଗୋପ ବଳକେ ।
ବୃନ୍ଦାବନେ ପରା
ରାସ-କେଳି ସିଏ
ରଚିଲେ ନିତି
ବ୍ରୀଡ଼ା ତେଜିଥିଲେ
ଗୋପୀଗଣ ଯେତେ
ଖୁସୀରେ ଅତି ।
ହାୟ ! ନିଷ୍ଠୁର
ସେହି ଅକ୍ରୂର,
ଗାନ୍ଧିନୀ-ସୁତ ଯେ
ଆସିଲା ନଗରେ
ହୋଇଣ ଦୂତ
ଭାଙ୍ଗିଦେଲା ସବୁ
ପ୍ରଣୟ-ମୁଖର
କୋଳାହଳ ତ ॥

୬୯

ହୋଇଗଲେ ତାଙ୍କ ଦେଖା
କହିବୁ ତାହାଙ୍କୁ ସଖା !
ଏ ବନ ବିଜନ
କାନ୍ଦେ ରାତିଦିନ
କାନ୍ଦୁ ଅଛି ସାରା ବ୍ରଜଭୂମି ତ
ବ୍ରଜ ପରିସର
ଦିଶେ ଭୟଙ୍କର
ମାଡ଼ି ପଡୁ ଅଛି ଦୁର୍ଦ୍ଦଶା ଶତ ।
ବିଚ୍ଛେଦ ବିଧୁରା
ଦଗ୍ଧ-ପ୍ରାଣେ ପରା
ଗୋପ-ଅଙ୍ଗନାଙ୍କ ବିତୁଛି ଦିନ
କହିବୁ ରେ କଂସ !
ଗୋପୀଙ୍କ ମାନସ
ହୋଇ ଅଛି ଏବେ ହର୍ଷ-ବିହୀନ ॥

୭୦

ବିଷର ବଲ୍ଲରୀ
ବ୍ରଜେ ଅଛି ଭରି
ବନ-କୁସୁମର
      ସୌରଭ ନେଇ ଶ୍ୱାସରେ
ଗୋପିକା ସକଳେ
      ମୂର୍ଚ୍ଛା ହୁଅନ୍ତି ସତରେ।
କୃଷ୍ଣ-ବିରହର ହଳାହଳ
      ଜୀବନେ ଭରିଛି ଯେ ଜଞ୍ଜାଳ,
ସେ ସବୁର ତୁମେ
      ଧ୍ୱଂସ ଇଚ୍ଛା ନେଇ ମନେ
ନିଷ୍ଠୁର ନାଗର
      ଫେରିବ କି ବୃନ୍ଦାବନେ ? ॥

୭୧

ବନବିହାରିଣୀ ଗୋପିନୀ ତ ଆମେ
ଆମ ସଙ୍ଗେ ରଖି ନାହଁ ବନ୍ଧୁତା
ଏବେ ତୁମ ପଦ-କମଳ ସେବନ୍ତି
ମଥୁରାପୁରୀର ରାଜ-ଦୁହିତା ।
ନାହିଁ ତ ସେବେଳ ଯେବେ ରାଧାଙ୍କର
ସଙ୍ଗସୁଖ ଲାଭେ ହେଲ ମଗନ
ନିଶୀଥ ସମୟେ ପଲ୍ଲବ ଗହଳେ
ବୃକ୍ଷ ତଳେ ପାତି ଥିଲ ଆସନ ।
ପୂବ କଥା ଯେତେ ତୁମ ସ୍ମୃତି ପଥେ
ହୁଏ ନାହିଁ ପରା ଏବେ ଉଦୟ
କାରଣ ଯେହେତୁ ରାଜକନ୍ୟାଗଣ
ତୁମ ପ୍ରତି ହୋଇଛନ୍ତି ସଦୟ ।
ତେଣୁ ଭୁଲିଅଛ ସେଦିନର କଥା
ମିଳନ-ଆକୁଳ ସେ ଅଭିସାର
ଉତ୍କୃଷ୍ଟକୁ ଯେବେ ପ୍ରାପ୍ତ ହୁଏ କେହି
ଅପକୃଷ୍ଟେ ସେ କି କରେ ଆଦର ? ॥

୭୨

ତେଜି ଅଛ ଯେଣୁ ଗୋପିକା ସକଳେ
ଦୋଷାରୋପ କରୁନୁ ତ
କଳା ରଙ୍ଗର ଏ ସହଜାତ ଗୁଣ
ଜାଣଇ ସାରା ଜଗତ ।
ଆହେ ଘନଶ୍ୟାମ
ତୁମେ ତ ନିର୍ମମ !
ଡେଣା ଖୋଲିଗଲେ କୋଇଲି ଛୁଆତ
ଛାଡ଼େ ସେ କାଉର ବସା
ସେହି ପରି ତୁମେ ଗୋପବାଳା ତେଜି
ହେବ ସିନା ଲୋକ ହସା ! ॥

୭୩

ପଚାରିବୁ ହଂସ
ଆହେ ହୃଷୀକେଶ
ଜୀବନେ ତୁମର
ଘଟିଅଛି ଯେତେ
ନାଟକର ଅଭିନୟ
ଗୋପୀଙ୍କ ସହିତ
ତୁମ ରାସଲୀଳା
ସୁଗଭୀର ରସମୟ ।
ପ୍ରଣୟ ଆବେଗେ
ମୋ ସଖୀ ରାଧାରେ
ଭିଡ଼ିଥିଲ ଆଲିଙ୍ଗନେ
ଦୂର ଦେଶେ ରହି
ସେ ଦିନର କଥା
ପଡୁଛି କି ଆଜି ମନେ ? ॥

୭୪

କୁଞ୍ଜନିଳୟର ନିବାସୀ ଶ୍ୟାମ
ହେଲ କିଆଁ ତୁମେ ଏତେ ନିର୍ମମ
ତୁମ ବିଚ୍ଛେଦରେ
ଗୋପୀଙ୍କ ଅନ୍ତରେ
କୋହ ଉଠୁଅଛି ରହି ରହି
ନାହିଁ ଏବେ କେହି ତାଙ୍କର ସାହା
ମିଳେନି ତାହାଙ୍କୁ ଖୋଜନ୍ତି ଯାହା
ପ୍ରଣୟ-ମଧୁରା
ବିରହ-ବିଧୁରା
ରାଧା ପାରନ୍ତିନି ଆଉ ସହି ।
ସାଧାରଣ ନାରୀ ପରି
ବୁଲୁଛନ୍ତି ଘୂରି ଘୂରି
ତୁମେ ତ ରହିଛ ବହୁତ ଦୂରେ
ଜାଗେନି ବିଗତ ସ୍ମୃତି ଅନ୍ତରେ ?
ଆହେ ଲୀଳାମୟ
ସେ ଲୀଳା ବିଷୟ
ତେଜି ହେଲ ତୁମେ ବିତସ୍ପୃହ
ରାଧାରାଣୀଙ୍କର
ଦିନ ଦୁର୍ଭାଗ୍ୟର
ଶେଷ କର ବହି ଅନୁଗ୍ରହ ॥

୭୪

ଆଜି ତ ତୁମର ଦରଶନ ବିନା
ଘଟିଅଛି ଯେଉଁ ଦଶା
ବଖାଣିବାକୁ ତା ତୁମ ନିକଟରେ
ମୋ ପାଖରେ ନାହିଁ ଭାଷା ।
ଶୁଣ ଆହେ ଶ୍ୟାମ
କରିଥିଲ ପ୍ରେମ
ରାଧାଙ୍କୁ ମଣିଲ ଶ୍ରେୟସୀ ବୋଲି
ଭୁଲି ବ୍ରଜ-ରାସ
ଆହେ ପୀତବାସ
ମଥୁରାକୁ ତୁମେ ଗଲ ତ ଚାଲି
ମନେ ପଡ଼ନ୍ତିନି ରାଧା କି ତୁମର
ଭୁଲିଛ କି ତୁମେ ଏ ବୃନ୍ଦାବନେ
କିପରି କାଟିବେ ରାଧା ତହିଁ ଦିନ
ବଞ୍ଚି ପାରିବେ କି ସେ ତୁମ ବିନେ ?
ବିରହ-ବହ୍ନିରେ ଜଳି ଅବିରତ
ରାଧା ଯେ ତହିଁରେ ଆଜି ଦଗ୍ଧିଭୂତ ।
କର ନାହିଁ ଡେରି ଆସ ହେ ସହସା
ସ୍ୱଚକ୍ଷୁରେ ଦେଖ ତାଙ୍କର ଦୁର୍ଦ୍ଦଶା ॥

୭୬

ମରଣର ବିନା
ଆନ ଗତି ନାହିଁ
କୃଷ୍ଣପ୍ରିୟା ରାଧାଙ୍କର
ବିରହ ଦୁଃଖରେ
ତାଙ୍କ ନୟନରୁ
ବହିଯାଏ ଅଶ୍ରୁଧାର ।
ସୃଷ୍ଟି କରିଛି ତା ଗୋଟିଏ ନଈ
ତରଙ୍ଗ ବହୁଳ
ଯମୁନାର ଜଳ
ତା ନିକଟେ ଦିଏ ମୁଣ୍ଡକୁ ନୋଇଁ ।
କହରେ ତୁ ହଂସ ! କୃଷ୍ଣେ ସତ୍ୱର
ରାଧା-ହୃଦ-ଦୁଃଖ କରନ୍ତୁ ଦୂର ॥

୭୭

ଅପରୂପ ତୁମ ରୂପର ମାଧୁରୀ
ଥରେ ମାତ୍ର ଦେଖି ରାଈ
ଅନଳେ ପତଙ୍ଗ ଝାସ ଦେଲା ପରି
ତୁମ ପାଶେ ଯାଏ ଧାଇଁ।
ଆହୁତି ଦିଏ ସେ ଆପଣାର ପରା
ଅଭାଗିନୀ ସେହି ବାଳା
କିଏ ଜାଣିଥିଲା ଜୀବନକୁ ତା'ର
ଦହିବ ଗରଳ-ଜ୍ୱାଳା ॥

୭୮

ଅକୁଶଳା ଏହି ସଖା ଯେ ମୋହରି
ବୁଝେନି ଆପଣା ହିତ
ନିଜ ଦୋଷ ପାଇଁ ବିରହ-ବ୍ୟାକୁଳ
ହେଉଅଛି ଅବିରତ ।
ତୁମ୍ଭ ଲାଗି ସିଏ ଜଳେ ଶୋକାନଳେ
ପୋଡ଼ିଯାଏ ମନପ୍ରାଣ
ତୁମ୍ଭ ଚିନ୍ତାକୁ ସେ ହୃଦୟରେ ବହି
କାନ୍ଦୁ ଅଛି ଅନୁକ୍ଷଣ ॥

୭୯

ତ୍ରିବକ୍ରା କୁବ୍ଜା ନାୟିକା ପରା
ସୌଭାଗ୍ୟ ଶାଳିନୀ ଅଟେ ବହୁତ
କୃଷ୍ଣଙ୍କ କୁଟିଳ ହୃଦ ମଧ୍ୟେ
ବସତି ସ୍ଥାପନ କରିଅଛି ତ ।
ପୁଣ୍ୟ ଥିବା ସତ୍ତ୍ୱେ ଏବେ ରାଈ
କୃଷ୍ଣ-ହୃଦେ ପଶି ପାରେ ନାଇଁ ।
କହ ଆରେ ହଂସ ! କୃଷ୍ଣେ ଯାଇ
ତାଙ୍କ ପଥ ଚାହିଁଅଛି ରାଈ ॥

୮୦

ଦୀର୍ଘ ବେଳ ବିତି ଚାଲିଯାଏ
ମିଳେନି ତୁମର ଦରଶନ
ଅଶୁଭ ଚିନ୍ତା ମନକୁ ଘାରେ
ଉଠେ ପଡ଼େ ଛାତି ଘନଘନ ।
ତେଜି ପ୍ରାଣପ୍ରିୟା ରାଧାଙ୍କୁ ଦୂରେ
ଯାତ୍ରା କଲ ତୁମେ ମଥୁରାପୁରେ
ପ୍ରଣୟ ଆର୍ତ୍ତା
ନ ପାଇ ବାର୍ତ୍ତା
ତୁମ ପାଦପଦ୍ମ ନିତି ଭାଳେ
ହଂସକୁ ଦେଇ
ସଂବାଦ ସେଇ
ପଠାଅ ହେ କୃଷ୍ଣ ଅବହେଳେ ॥

୮୧

ବିଶ୍ୱଜନ ମନୋହର
ହୃଦୟେ ଆମ ସଖିର,
ଅଶୁଭ ଚିନ୍ତାର ତରଙ୍ଗ ଉଠୁଛି
ତୁମ ଚିନ୍ତା ପରା ସର୍ବଦା ଘାରୁଛି।
ତୁମ ସଂବାଦ ତ ପ୍ରାପ୍ତ ହେଉ ନାହିଁ
ସରଳ-ହୃଦୟା ବାଳ
କେବେ ଲୋଡ଼େ ସିଦ୍ଧ ସନ୍ୟାସୀ ଚରଣ
ଅବା ନିଏ କେବେ ତାନ୍ତ୍ରିକ ଶରଣ।
ତୁମ ଦର୍ଶନରେ ସିଏ ଅଭିଳାଷୀ
ପାର୍ବତୀଙ୍କ କୃପା-ଭିକ୍ଷାକୁ ମନାସି
ବ୍ୟାକୁଳା ହୁଏ ପରାଣେ
ପହଞ୍ଚେ ସେ ଯାଇ ବୈଦ୍ୟଙ୍କ ଗହଣେ ॥

୮୨

ସିଦ୍ଧ ପୁରୁଷଙ୍କ ଚରଣ-କମଳେ
ନମନ କରୁଛି ସଖୀ ମୋହର
ତାନ୍ତ୍ରିକଙ୍କ ପାଶେ ଶରଣ ପଶୁଛି
ଭକ୍ତିରେ ପୂଜୁଛି ତାଙ୍କ ପୟର।
ବୈଦ୍ୟଗଣଙ୍କର ସେବା ସେ କରୁଛି
ଅତିଶୟ ବିନୟତା ସହିତ
ପାର୍ବତୀଙ୍କ ଆରାଧନା କରେ ସିଏ
ତୁମର ଦର୍ଶନ ଆଶା ରଖି ତ।
କିନ୍ତୁ କେଉଁଥିରେ ସୁଖର ବିଧାନେ
ସମର୍ଥା ହେଉନି ମୋହର ମିତ
ବିବ୍ରତା ହୋଇ ସେ କାହାକୁ ମଣେନି
ଆପଣାର ପାଇଁ ଫଳଦାୟୀ ତ ॥

୮୩

କର୍ପୂର-ଉଜ୍ଜ୍ୱଳ ତନୁ ଯେ ତାଙ୍କର
ମହାଦେବ ଉମାପତି
ତୁମ ପ୍ରେମରସେ ଗିରି କନ୍ଦର ରେ
ନୃତ୍ୟେ ତ ବିଭୋର ଅତି ।
କନ୍ଦର୍ପର ରିପୁ ସେହି ଭୋଳାନାଥେ
ପୂଜୁଛି ସତତ ରାଧା
ତୁମେ ପ୍ରାପ୍ତ ହେବା ପଥେ ଯେଉଁ ପରି
ନ ରହେ କୌଣସି ବାଧା ॥

୮୪

ସଖୀ ଯେ ମୋହର ତମାଳ ପତ୍ରରେ
        ଅଙ୍କନ କରିଛି ମୂରତି ତବ
ହେ ବିଶ୍ୱମୋହନ ଦିଶୁଅଛି ତାହା
        ଅତୀବ ସୁନ୍ଦର ଓ ଅଭିନବ ।
ସେ ରୂପର କଣ୍ଠେ ଭିଡ଼ିଅଛି ସିଏ
        ବାହୁବଲ୍ଲରୀ ତ ସରାଗ ଭରେ
ଭୂଲୁଣ୍ଠିତା ହୁଏ ଏବେ ରାଧା ପରା
        ରହନି ତ କୃଷ୍ଣ ସେ ମଧୁପୁରେ ॥

୮୫

ହେ ମୁରାରେ ! ତୁମ ପ୍ରେମେ ପାଗଳିନୀ
	ମୂଢ଼ମତୀ ରାଧାରାଣୀ ଆମର
ତୁମ ଚିନ୍ତା ତା'ର ମନକୁ ଘାରୁଛି
	ମନ ରହେ ତା'ର ସଦା ଅସ୍ଥିର ।
ଭାବେ ସିନା ସିଏ କୃଷ୍ଣ ଆପଣାର
	କୃଷ୍ଣ-ନିଷ୍ଠ ପ୍ରେମ ଭଙ୍ଗ ହୁଏନି
ତଥାପି ବିରହ-ବ୍ୟଥା ପାଉଥାଏ
	କ୍ଷଣକାଳ ତାକୁ ଶାନ୍ତି ମିଳେନି ॥

୮୬

ଶତ ସନ୍ତାପକୁ କ୍ଷେପଣ କରିଛି
ବିରହର ଅନଳରେ
ତଥାପି ରାଧିକା ଚାହେଁ ଅନୁଦିନ
ତୁମ ଲୀଳା ସାଧିବାରେ ।
ତୁମକୁ ଦେଖିତ କୁଳିଶ-କଠୋର
ମନେ ଜାଗେ ଅନୁତାପ
ପାଷାଣ କରିଛି ତନୁ ମନ ତା'ର
ମାଖି ମରଣ-ପ୍ରଲେପ ॥

୮୭

ସମାଧିସ୍ଥ ରହି ଯୋଗୀଗଣ ପରା
          ପାଆନ୍ତି ତୁମର ଦରଶନ
ଶୁଣିକରି ତାହା ବିରହିଣୀ ରାଧା
          ଯୋଗାଭ୍ୟାସେ ହୋଇଥାଏ ଲୀନ ।
ନୟନ ଗୋଚର ହୁଅ ହେ ମାଧବ
          ସାଧେ ଯିଏ କଷ୍ଟକର ବ୍ରତ
ପ୍ରଣୟ-ବ୍ୟାକୁଳା ରାଧା ସେଥିପାଇଁ
          ସାଧନାରେ ବ୍ୟସ୍ତ ଅବିରତ ॥

୮୮

ଆହେ ମୁରାରେ !
ଜାଣ ସତରେ,
ଯମୁନାର ଜଳ-ସ୍ରୋତରେ କଂପିତ
ନୀଳ-ନଳୀନ
ତୁମ ଦେହ-କାନ୍ତି ଦିଶୁଛି ତ ଏବେ
ତାହା ସମାନ ।
ବୃନ୍ଦାବନର ହେ ସୁରତ-ତରୁଣ
ନନ୍ଦ ତନୟ
ତୁମ ନାମ ଧରି କାନ୍ଦୁଅଛି ରାଈ
ହୋଇ ଅଥୟ ।
ତୁମ ପାଇଁ ନେତ୍ର ଲୋତକ ଢାଳି
କନ୍ଦାଉଛି ସିଏ ସକଳ ଆଳି ॥

୮୯

ସର୍ବଦା ତୁମର ବିରହେ ତାପିତା
ସୁକୁମାରୀ ସଖୀ ମୋର
ସହିବ କିପରି ମଦନର ପୀଡ଼ା
ଜାଣିବା ଯେ କଷ୍ଟକର ।
ଆଜି ଅବା କାଲି କ୍ଷୀଣ ଦେହେ ତା'ର
ସ୍ପନ୍ଦନ ତ ରହିବନି
ଚିରଦିନ ଲାଗି ସେହି ରାଧାନାମ
ଲୁଚିଯିବ ପାରେ ଜାଣି ॥

୯୦

ଉମାଙ୍କର ପତି ଚନ୍ଦ୍ରଚୂଡ଼ ଦିନେ
     ଅନଳ-ନୟନ ପାତି ତାଙ୍କର
ନିମିଷକେ ଭସ୍ମ କରିଥିଲେ ପରା
     ରତିନାଥଙ୍କର ଦିବ୍ୟ ଶରୀର ।
ସେ ଶିବ ଦିଶନ୍ତି ରଜତ-ଧବଳ
     ପୟ-ଫେନରାଶି ପରି ଏବେ ତ
ସେହି ହରଙ୍କର ସେବା କରୁଅଛି
     ଦିବସ-ରଜନୀ ସଖୀ ସତତ ।
ସେ ଲାଗି କୁତୁକି ଗୋପୀହୃଦ-ଚୋର
     ସଖୀକୁ ମାରେନି କନ୍ଦର୍ପ ଶର
କିନ୍ତୁ ହେ ନିଷ୍ଠୁର ତୁମ ଲୀଳାନଳେ
     ପୋଡ଼ି ମରେ ପ୍ରିୟ ବାନ୍ଧବୀ ମୋର ॥

୯୧

ଗୋପୀଗଣଙ୍କର
ଗୋପନ ବାରତା
ଜାଣ ତୁମେ ପିତାମ୍ବର
ତଥାପି କାହିଁକି
ରଚିଅଛ ଏହି
ମାୟାଜାଲ ସୁଗଭୀର ? ।
ପଠାଇଲ ବ୍ରଜେ
ଉଦ୍ଧବଙ୍କୁ ତୁମେ
ବୁଝାଇବେ ନୀତିକଥା
ଜଳିବା ନିଆଁରେ
ଘୃତାହୁତି ଦେଇ
ବଢ଼ାଇଲ ମନୋବ୍ୟଥା ॥

୯୨

ବୃହସ୍ପତି-ଶିଷ୍ୟ ଉଦ୍ଧବ ତ ଏବେ
        ସଚୀବ ଯଦୁବଂଶର
ଯମୁନା ତ ଅଟେ ଯମର ଭଉଣୀ
        ବିଚାର ହେ ଯଦୁବୀର।
ମଧୁପୁରେ ଆମ ପରିଚିତ କେହି
        ତୁମ ବିନା ଆଉ ନାଇଁ
ସେଲାଗି ହଂସକୁ ପଠାଉଛୁ ଆମେ
        ଦୁର୍ଦ୍ଦଶା କହିବା ପାଇଁ ॥

୯୩

ତୁମ ବିଚ୍ଛେଦରେ ମୋ ସଖୀର ତନୁ
ହୋଇଅଛି ଏବେ କ୍ଷୀଣ ଯେ ଅତି
ଶଙ୍କା ବହି ମନେ ଗଭୀର ବନରେ
ଘୂରି ବୁଲୁଅଛି ଦିବସ-ରାତି ।
ରତି-ମଦିରାରେ ପକ୍ଷ୍ମ ଭରିଥିଲା
କଥା କହୁଥିଲା ମଧୁରେ ହସି
ହତାଶା ଘାରୁଛି ମନକୁ ତା' ଏବେ
ମୁଖରେ ମାଖୁଛି କାଳିମା-ରାଶି ।
ପରଶେ ତୁମର ପ୍ରାଣର ସଂଚାର
ହେବ କି ରାଧାର ହୃଦୟ ଗତେ ?
ଲଭିବ କି ସିଏ ଅତୁଳ ବିଭବ ?
ପରାଣେ ଆନନ୍ଦ ଜାଗିବ ସତେ ! ॥

୯୪

ଏତେଦିନ ଯାଏଁ ବଞ୍ଚି ରହିଛି ସେ
　　　　ଦର୍ଶନ ତୁପର ଲଭିବା ଆଶେ
ହୁଏତ ନିଷ୍ଠୁର କାଳିମା ନାଗର
　　　　ପୁନଃ ଫେରିବେ ତ ତାହାର ପାଶେ ।
କଷ୍ଟଦିନ ବିତିଯିବା ଦେଖି କରି
　　　　ଆମ୍ବ-ବଉଳକୁ ଚାହିଁଛି ରାଧା
ଶୁଷ୍କ ହୋଇଅଛି ତା ଆଶା-ବଉଳ
　　　　ଅନ୍ତରେ ଲଭୁଛି ଅଶେଷ ବାଧା ॥

୯୫

ପ୍ରତିକାର ସବୁ ବ୍ୟର୍ଥ ହେଲା ସତେ
କାମଦେବଙ୍କର ପଞ୍ଚଶରାଘାତେ ।
ନଳୀନ-ନୟନା ରାଧା
ସହେ ବିରହର ବାଧା
      ଅନ୍ତିମ ଦଶାଟି ଜାଣ
ତୁମ ଅଙ୍ଗ ଆଶା ରଖି
ଅନାଇ ରହିଛି ସଖୀ
      ସେଥିଲାଗି ଅଛି ପ୍ରାଣ ॥

୯୬

ରସିକ ନାଗର ! ବୁଝି ପାରେନି ମୁଁ
ତୁମର ଗହନ ପ୍ରେମର ରୀତି
ରାଧାର ହୃଦୟ ଜିଣିଥିଲ ଦିନେ
ଏବେ ତ ରଖୁଛ ଦୁଃଖରେ ଅତି ।
ମଳିନ ହୋଇଛି ସୁନାର ପ୍ରତିମା
ଦେଖ ପ୍ରାଣବାୟୁ ଅଛି କି ନାହିଁ
ପ୍ରେମେ ଉଦାସୀନ ବ୍ୟବହାର ଦେଖି
ବିବଶ-ହୃଦୟା ହୋଇଛି ରାଇ ॥

୯୭

ନିମୀଳିତ ତା'ର ଆଖିପତା ପରା
ପ୍ରଳାପ କରେ ସେ କେତେ
ଏପରି ଜଗତେ ଅଛି କିଏ କହ
ବର୍ଣ୍ଣି ତା ପାରିବ ସତେ।
କେବେ ପୁଣି ସେହି କଲ୍ୟାଣୀ ରାଧିକା
ଚିନ୍ତଇ ବିଳାପ ବଶେ
ବେଦନା ତାହାର ଓଦା କରେ ହୃଦ
କରୁଣ ଉଦାସ ରସେ।
କହିବୁ ରେ ହଂସ! ଦରଦୀ ମାଧବେ
ନିବେଦନ କରି ତୁହି
"କହ, କହ ମୋତେ ଏପରି ନିଠୁର
ଜଗତେ କି ଅଛି କେହି?"

୯୮

ବ୍ରଜବାସ କାଳେ   ମୋ ପ୍ରତି ମାଧବ
  ବରଷିଲେ ପ୍ରେମ ଧାରା
ସେହି ପ୍ରେମ ଲଭି   ଭୁଲିଲି ଧରମ
  ପାଗଳିନୀ ହେଲି ପରା !
ନାରୀ ଜୀବନର   ସବୁକିଛି ମୁଁ ତ
  ତାଙ୍କ ପାଦେ ଦେଲି ଢାଳି
ଆଜି ଲିଭିଗଲା   ସେ ପ୍ରେମ-ପ୍ରଦୀପ
  ହତାଶେ ହେଉଛି ଭାଳି ।
ପ୍ରଣୟ-ରସିକ   ମାଧବେ ସୁମରି
  ଲାଜ ତ ମାଡୁଛି ମୋତେ
ରଖିବାକୁ ମୋର   ଜୀବନ ଚାହୁଁନି
  କ୍ଷଣକାଳ ପାଇଁ ସତେ ॥

୯୯

ବୃନ୍ଦାବନର ସେ କୁଞ୍ଜ-ବୀଥିକାରେ
ଥିଲା ଛାୟା - ସୁନିବିଡ଼
ବ୍ରଜବାସ କାଳେ ରଚିଥିଲେ ସେଠି
ସିଏ ଆନନ୍ଦର ଗଡ଼ ।
କୃଷ୍ଣ ଆଗମନେ ସୂଚାଉଥିଲା ତ
ତାଙ୍କ ବଂଶୀଟିର ସ୍ୱନ
କଦମ୍ବ-ତମାଳ ଘଞ୍ଚ ବନକୋଳେ
ଆନନ୍ଦିତ ଥିଲା ମନ ॥

୧୦୦

"ତୁମ ପାଇଁ ଆମ ମନରେ ଅପାର ପ୍ରେମ"
         ଏ ସଂବାଦ ଯଦି କରୁ ପ୍ରେରଣ
ଗଭୀର ପ୍ରେମରେ ଲଘୁତା ଘଟିବ ପରା
         ପ୍ରେମ-ଗଉରବ ହୋଇବ କ୍ଷୀଣ।
ଯଦି କହୁ- "ତୁମ ସଙ୍ଗ-ବିନା ଆମର ତ
         ଜୀବନ-ଧାରଣ ନୁହେଁ ସମ୍ଭବ"
ବାହ୍ୟ ଭାବେ ପ୍ରେମ ଗୁରୁତ୍ୱ ତ ବଢ଼ିଯିବ
         ନିଶ୍ଚୟ ତାହାଙ୍କୁ ପ୍ରତୀତ ହେବ।
ପୁଣି ଯଦି ବାର୍ତ୍ତା ପଠାଏ ତାଙ୍କର ପାଶେ
         "ଆସୁନ ଏଠାକୁ ତୁମେ କିଂପାଇଁ?"
ତାହାଙ୍କୁ ଯେ ମୁହିଁ ସ୍ମରଣ କରୁଛି ସଦା
         ଏହି କଥା ତାଙ୍କୁ ଦେବ ଚେତାଇ॥

BLACK EAGLE BOOKS

www.blackeaglebooks.org
info@blackeaglebooks.org

Black Eagle Books, an independent publisher, was founded as a nonprofit organization in April, 2019. It is our mission to connect and engage the Indian diaspora and the world at large with the best of works of world literature published on a collaborative platform, with special emphasis on foregrounding Contemporary Classics and New Writing.

www.ingramcontent.com/pod-product-compliance
Lightning Source LLC
Chambersburg PA
CBHW060617080526
44585CB00013B/871
* 9 7 8 1 6 4 5 6 0 5 2 9 4 *